よくわかるエネルギー株

業界の特長から主要銘柄の見方まで

三菱ＵＦＪモルガン・スタンレー証券

荻野 零児 著

化学工業日報社

まえがき

　「よくわかるエネルギー株」は、エネルギー会社への株式投資に興味を持つ初心者の方を対象に、業界および株式に関する基礎知識を解説しています。

　エネルギー会社は、電気や都市ガス、石油製品の生産や販売をしています。日本のエネルギー業界は、国内エネルギー需要量の成熟やエネルギーの低炭素化が緩やかに進んでいます。そして、2011年の東日本大震災を機に、日本のエネルギー事情とエネルギー政策は大きく変動しました。今後もエネルギー業界は、予想外の変貌を遂げていくと思います。このようななか、株式市場は、需要家のニーズの変化に応え、しっかり稼げるエネルギー会社を高く評価していくことでしょう。

　本書では、株式投資の基本知識からエネルギー業界の見方、エネルギー会社の概要について、わかりやすい解説を心掛けています。個人投資家だけでなく、エネルギー業界に興味を持つ社会人や学生の皆様にもお役に立てると思います。

　本書は5章から成っています。各章は独立していますので、興味のある章からでも、お読みいただけます。第1章は、株式基礎

の概略を説明します。第 2 章は、エネルギー会社の株価の基本的な見方を解説します。第 3 章は、情報の集め方を紹介します。第 4 章は、最近のエネルギー業界のトピックスを解説します。第 5 章は、主なエネルギー会社の概要を紹介します。

　本書がエネルギー会社および株式市場を理解する一助となれば幸いです。

　2017 年 4 月

荻野　零児

目　次

まえがき

第1章　株式の基礎

  1.　株価グラフを見てみよう ･･･････････････････････････ 3

  2.　株価はなぜ動くのか ･････････････････････････････ 6

  3.　決算書を見てみよう ･････････････････････････････ 8

  4.　ケーススタディ：東京ガスの決算短信 ･･････････････ 10

  5.　決算書の仕組み ････････････････････････････････ 14

  6.　会社の経営方針を調べよう ･･･････････････････････ 20

  7.　株価指標（株価バリュエーション）･･･････････････････ 22

第2章　エネルギー会社の株価の見方

  1.　エネルギー会社に共通する株価の見方 ････････････ 29

  2.　電力会社の株価の見方 ･････････････････････････ 33

  3.　都市ガス会社の株価の見方 ･････････････････････ 37

  4.　原油・ガス開発生産会社の株価の見方 ････････････ 42

  5.　石油会社の株価の見方 ･････････････････････････ 47

  6.　LPガス会社の株価の見方 ･･･････････････････････ 54

第3章　情報の集め方

  1.　会社のホームページ ････････････････････････････ 61

  2.　エネルギー関連の役立つ日本政府ホームページ ････ 65

3.　エネルギー関連の役立つホームページ・・・・・・・・・・・・ 67

　　4.　マスコミ情報 ・・・・・・・・・・・・・・・・・・・・・・・・・・・・・・・・・ 70

第4章　エネルギー業界のトピックス

　　1.　電力・ガスのシステム改革・・・・・・・・・・・・・・・・・・・・・ 73

　　2.　エネルギー基本計画 ・・・・・・・・・・・・・・・・・・・・・・・・・・ 74

　　3.　地球温暖化政策・・・・・・・・・・・・・・・・・・・・・・・・・・・・・・ 76

　　4.　再生可能エネルギー発電・・・・・・・・・・・・・・・・・・・・・ 81

　　5.　原子力発電 ・・・・・・・・・・・・・・・・・・・・・・・・・・・・・・・・・ 84

　　6.　石油会社の再編・・・・・・・・・・・・・・・・・・・・・・・・・・・・・ 87

　　7.　エネルギー技術革新に注目 ・・・・・・・・・・・・・・・・・・ 91

第5章　主要銘柄を紹介

三井松島産業 (1518)・・・・・・・・・・・・・・・・・・・・・・・・・・・・・ 97

国際石油開発帝石（INPEX）(1605)・・・・・・・・・・・・・ 100

石油資源開発 (1662)・・・・・・・・・・・・・・・・・・・・・・・・・・・ 104

K&Oエナジーグループ (1663)・・・・・・・・・・・・・・・・・ 107

サーラコーポレーション(2734)・・・・・・・・・・・・・・・・・・ 110

TOKAIホールディングス(3167)・・・・・・・・・・・・・・・・・ 113

トーエル(3361)・・・・・・・・・・・・・・・・・・・・・・・・・・・・・・・・ 116

昭和シェル石油 (5002)・・・・・・・・・・・・・・・・・・・・・・・・ 118

東燃ゼネラル石油 (5012)・・・・・・・・・・・・・・・・・・・・・・ 122

富士石油 (5017)・・・・・・・・・・・・・・・・・・・・・・・・・・・・・・ 125

出光興産 (5019)・・・・・・・・・・・・・・・・・・・・・・・・・・・・・・ 127

JXホールディングス（5020） ・・・・・・・・・・・・・・・・・・・・・ 131

コスモエネルギーホールディングス（5021） ・・・・・・・・・・・・ 136

エナリス（6079） ・・・・・・・・・・・・・・・・・・・・・・・・・・・・・・・ 140

カメイ（8037） ・・・・・・・・・・・・・・・・・・・・・・・・・・・・・・・・・ 142

岩谷産業（8088） ・・・・・・・・・・・・・・・・・・・・・・・・・・・・・・・ 145

三愛石油（8097） ・・・・・・・・・・・・・・・・・・・・・・・・・・・・・・・ 148

ミツウロコグループホールディングス（8131） ・・・・・・・・・・ 151

シナネンホールディングス（8132） ・・・・・・・・・・・・・・・・・ 154

伊藤忠エネクス（8133） ・・・・・・・・・・・・・・・・・・・・・・・・・・ 157

日本ガス（8174） ・・・・・・・・・・・・・・・・・・・・・・・・・・・・・・・ 160

東京電力ホールディングス（9501） ・・・・・・・・・・・・・・・・・ 163

中部電力（9502） ・・・・・・・・・・・・・・・・・・・・・・・・・・・・・・・ 168

関西電力（9503） ・・・・・・・・・・・・・・・・・・・・・・・・・・・・・・・ 172

中国電力（9504） ・・・・・・・・・・・・・・・・・・・・・・・・・・・・・・・ 176

北陸電力（9505） ・・・・・・・・・・・・・・・・・・・・・・・・・・・・・・・ 180

東北電力（9506） ・・・・・・・・・・・・・・・・・・・・・・・・・・・・・・・ 183

四国電力（9507） ・・・・・・・・・・・・・・・・・・・・・・・・・・・・・・・ 187

九州電力（9508） ・・・・・・・・・・・・・・・・・・・・・・・・・・・・・・・ 191

北海道電力（9509） ・・・・・・・・・・・・・・・・・・・・・・・・・・・・・ 195

沖縄電力（9511） ・・・・・・・・・・・・・・・・・・・・・・・・・・・・・・・ 198

電源開発（9513） ・・・・・・・・・・・・・・・・・・・・・・・・・・・・・・・ 201

エフオン（9514） ・・・・・・・・・・・・・・・・・・・・・・・・・・・・・・・ 205

イーレックス（9517） ・・・・・・・・・・・・・・・・・・・・・・・・・・・ 208

東京ガス（9531） ・・・・・・・・・・・・・・・・・・・・・・・・・・・・・・・ 211

大阪ガス（9532） ・・・・・・・・・・・・・・・・・・・・・・・・・・・・・・・ 215

東邦ガス（9533） ・・・・・・・・・・・・・・・・・・・・・・・・・・・・・・・ 219

北海道ガス（9534）・・・・・・・・・・・・・・・・・・・・・・・・・・・・・・・ 222

広島ガス（9535）・・・・・・・・・・・・・・・・・・・・・・・・・・・・・・・ 225

西部ガス（9536）・・・・・・・・・・・・・・・・・・・・・・・・・・・・・・・ 227

静岡ガス（9543）・・・・・・・・・・・・・・・・・・・・・・・・・・・・・・・ 230

本書は情報の提供のみを目的としており、取引を勧誘するものではありません。本書文章、図表は各社・業界資料等を元に著者が分析・作成していますが、実際の取引にあたっては、最新の情報などを加味して各自の判断と責任において行って下さい。

第1章

株式の基礎

第 1 章　株式の基礎

1.　株価グラフを見てみよう

中部電力と関西電力の株価とファンダメンタルズを比較

　まず初めに、大手電力会社 2 社の株価グラフをご覧ください。**図 1-1** は、中部電力（9502）と関西電力（9503）の株価の推移を示しています。なお、会社名の後にある番号は証券コードで、上場会社に割り振られている番号です。

　中部電力と関西電力は大手電力会社です。主な販売地域は異なっており、中部電力が名古屋など中部地方で、関西電力が大阪など関西地方です。

株価の推移を比較

　中部電力と関西電力の株価の動きは、2011 年 3 月の東日本大震災の前後で異なります。東日本大震災前は、両社の株価はほぼ同じ動きをしており、株式市場では、両社のファンダメンタルズは、ほぼ同じだと見なされていたと言えます。ファンダメンタルズとは、業績等の会社の状況のことです。

　しかし、2011 年以降は、中部電力と関西電力の株価は乖離して動きました。中部電力の株価が、関西電力を持続的に上回って推移しました。この背景には、2011 年以降、中部電力と関西電力のファンダメンタルズに差異が生じたため、両社の株価の動きが異なっていったと思われます。以下で、東日本大震災後の中部電力と関西電力のファンダメンタルズを示す二つの図（**図 1-2,**
1-3 参照）を紹介します。

3

よくわかるエネルギー株

EPS（1株当たり純損益）を比較

　図1-2は、両社のEPS（1株当たりの純損益）の推移を示しています。東日本大震災後に両社とも原子力発電所が稼働を停止し、原子力発電の代わりに火力発電所の稼働率が上がり、発電コストがより高い火力発電費が増加しました。このことは、両社ともに純利益の悪化要因となり、2011年度の両社のEPSはマイナス（赤字）となりました。関西電力は、中部電力より原子力依存度が高かったため、赤字幅が中部電力より大きくなったと考えられます。株式市場は、中部電力の黒字転換が関西電力よりも早かったことを評価していたと考えられます。

図1-1　中部電力と関西電力の株価の推移

出所：Astra Managerに基づきMUMSS作成。
注：月末値。

第 1 章　株式の基礎

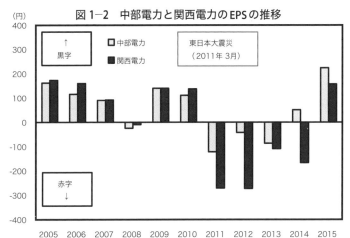

図1−2　中部電力と関西電力のEPSの推移

出所：会社資料, Astra Managerに基づきMUMSS作成。
注：EPSは1株当り純損益。

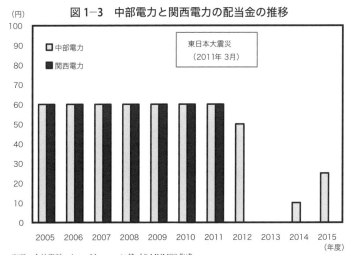

図1−3　中部電力と関西電力の配当金の推移

出所：会社資料, Astra Managerに基づきMUMSS作成。
注：2013年度の中部電力は無配, 2012〜2015年度の関西電力は無配。

5

よくわかるエネルギー株

配当金を比較

図1−3 は、両社の配当金の推移を示しています。両社とも、2011年度までの配当金は60円と同水準でした。しかし、2012年度以降の両社の配当金の水準が異なっています。2015年度の配当金は、中部電力が25円で、関西電力は無配でした。株式市場は、この配当金の違いも反映していたと考えられます。

ファンダメンタルズ分析

2011年以降の中部電力と関西電力のEPSと配当金の変動の背景には、東京電力ホールディングス（9501）の福島第一原子力発電所の事故などにより、日本政府の原子力政策が変更され、電力小売全面自由化などの電力システム改革が進んだことが挙げられます。そして、原子力発電所への依存度合い、原子力発電所の再稼働の動向、電気料金政策などの両社のファンダメンタルズの違いが、EPSや配当金の違いの原因になっています。

本書では、このようにファンダメンタルズの変化を中心に、エネルギー会社の株価について、考えていきます。

2. 株価はなぜ動くのか

株式の需要と供給のバランスで株価は決まります

はじめに、証券取引所で株価が実際にどのように決まっているかを確認しましょう。

図1−4 に示すように、株価は、証券市場における株式の需要と供給のバランスによって決定されています。単純な例を挙げます

と、Z電力会社の株が欲しい投資家Aは、証券取引所に、買い注文（需要）を出します。もし、同時に、Z電力会社の株を保有している投資家Bが、証券取引所に、その株の売り注文（供給）を出していれば、株の売買が成立し、Z電力会社の株価が決まります。

　実際の証券取引所では、取引時間内に、株の取引が繰り返し行われており、株価は常に変動しています。もし、買い注文と売り注文が合わない場合には、株の売買は成立せず、株価が付かないときがあります。例えば、予想外なサプライズ（驚き）なニュースが出て、買い注文が殺到して、売り注文が少なければ、株の取引は成立しない場合もあります。

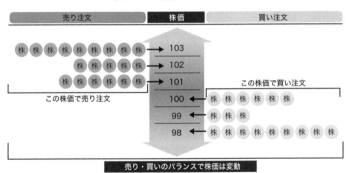

図1-4　株価の決まり方

株価が動く要因はさまざま

　投資家が、株の買い注文や売り注文を出す理由は、千差万別です。例えば、A投資家は、Z電力会社の業績が良くなると思って、Z電力会社の株の買い注文を出しているかもしれません。B投資家は、別のY電力会社の良いニュースを見て、同じ電力業界のZ電力会

よくわかるエネルギー株

社の株価が上がると思うかもしれません。C投資家は、個人的にお金が必要になり、Z電力会社の株を売っているかもしれません。

会社の業績と株価

一般的に、株価を動かす最も重要な要因は、会社の業績と言われています。もし、Z電力会社の業績が良ければ、株式市場で、Z電力会社の人気が高まる可能性があります。そして、Z電力会社の業績が良ければ、配当金が増えるかもしれません。

業績の将来見通しも大切

会社の業績は、過去の実績値とともに、将来に関する予想値も重要です。実績値は発表されたときは新しい情報ですので、投資家の新しい株式取引を促すことがあります。しかし、その後は、すでに知られている情報となり、新しく株式取引を促すきっかけには、なりにくくなります（実績値に対する評価が変わる場合に，新たな株式取引のきっかけになる場合はあります）。

これに対して、将来の業績予想は、常に変動します。電力会社で考えると、夏場に猛暑になると、クーラーの稼働時間が増加し、販売電力量が多くなり、業績が良くなるかもしれません。海外の油田で原油を生産する会社の場合、為替が円安になれば、原油の米ﾄﾞﾙ建ての売上高が円建てで増収増益になるかもしれません。

3. 決算書を見てみよう

会社の業績は決算書でチェック

会社の業績は決算書によって見ることができます。決算書には、

8

決算短信や有価証券報告書があります。会社のホームページには、これら決算書や投資家向けの決算説明資料などが載っています。

決算短信は、決算の概要が載っており、有価証券報告書よりも早く発表されるのが特徴です。東京証券取引所のホームページにある『TDnet』では、上場会社の決算短信が公開されています。

有価証券報告書は、決算短信よりも発表が遅いですが、決算の数字が詳細に載っているのが特徴です。会社について、詳細に調べたいときに活用します。金融庁のホームページにある『EDINET』では、上場会社の有価証券報告書が公開されています。

決算書をみると、連結決算と単独（個別）決算という分類があります。通常は、グループ会社の決算も含まれる連結決算に注目します。単独（個別）決算は、親会社のみの決算です。

決算期

上場会社は、決算の期間を1年間として、決算書を発表しています。多くの上場会社の決算期の最終月は3月です。この場合、例えば、2017年4月から2018年3月の決算を2017年度（正確には2018年3月期）と示します。2017年度の年号は、決算がスタートする年に合わせます。

決算期の最終月が異なる場合もあります。例えば、決算期の最終月を12月とすると、2017年1月から2017年12月の1年間が2017年度（正確には2017年12月期）になります。

そして、上場会社は、3ヵ月ごと（四半期）に、途中経過の決算を発表しています。例えば、2018年3月期の場合には、第1四半期が2017年4〜6月、第2四半期が2017年7〜9月、第3四半期が2017年10〜12月、第4四半期が2018年1〜3月と区

よくわかるエネルギー株

分されます。通常、決算発表は、この3ヵ月ごとの四半期決算発表を意味しています。

4. ケーススタディ：東京ガスの決算短信

決算短信の例として、東京ガス（9531）の決算短信を見てみましょう。

図表1−5は、東京ガスの2015年度の決算短信（2016年4月28日発表）の表紙です。

東京ガスのホームページから決算短信を見る場合には、まず『トップページ』から、『企業・IR情報』、『IR情報（株主・投資家向け情報）』のページを開けてください。最新の四半期別の決算短信は、IR情報のトップページに載っています。2015年度(2016年3月期)の決算短信は、『IRライブラリー』の『決算短信』のページを開けてください。決算短信の年号は和暦で表示されています（なお，平成28年3月期は2016年3月期です）。

連結業績

決算短信の表紙の1．には、2015年度の連結業績が載っています(比較対象として，2014年度の連結業績を併記)。連結業績には、次の3種類の決算書が載っています。

(1) 連結経営成績：損益計算書（PL）の概要が載っています。例えば、2015年度の経常利益が1,888億円（前年比12.3％増）と増益、1株当たりの当期純利益（EPS）が46.68円、自己資本純利益率（ROE）が10.3％だったことが分かります。

10

第1章　株式の基礎

(2) 連結財政状態：貸借対照表（BS）の概要が載っています。例えば、2015年度末の自己資本比率が48.9%、1株当たり純資産（BPS）が約460円だったことが分かります。

(3) 連結キャッシュ・フローの状況：キャッシュ・フロー（CF）計算書の概要が載っています。例えば、営業活動によるキャッシュ・フローが3,546億円、投資活動によるキャッシュ・フローが△2,364億円だったことが分かります。

配当金の状況

決算短信の表紙の2.には、配当金の状況が載っています。2015年度の配当金は年間合計11円です。2014年度の配当金は年間合計10円でしたので、2015年度に増配したことが分かります。

そして、2016年度の配当金の会社予想（2016年4月28日時点）が、年間11円（2四半期末5.5円，期末5.5円）となっていることがわかります。会社予想によると、2016年度の配当金は2015年度並みです。

連結業績予想

決算短信の表紙の3.には、2016年度（2017年3月期）の連結業績予想（同時点）が載っています。2016年度の会社予想の経常利益は400億円（前年比78.8%）と減益の見通です。2016年度の会社予想のROEは3.3%に低下する見通しになっています。

会社予想は、業績の将来見通しを考えるうえで、参考になります。そして、会社側は、年度の途中で会社予想を修正することが多いです。この会社予想は、株式市場でもっとも注目される数字の一つです。

よくわかるエネルギー株

図1-5　東京ガス決算短信

平成28年3月期　決算短信〔日本基準〕（連結）

平成28年4月28日

上場会社名	東京瓦斯株式会社		上場取引所　東　名
コード番号	9531	URL http://www.tokyo-gas.co.jp/	
代表者	（役職名）	代表取締役社長	（氏名）広瀬　道明
		経理部	
問合せ先責任者	（役職名）	連結決算グループマネージャー	（氏名）富田　成己　　TEL　03-5400-7736
定時株主総会開催予定日	平成28年6月29日		配当支払開始予定日　平成28年6月30日
有価証券報告書提出予定日	平成28年6月29日		
決算補足説明資料作成の有無：	有		
決算説明会開催の有無	：	有　　（機関投資家向け）	

（百万円未満切捨て）

1．平成28年3月期の連結業績（平成27年4月1日～平成28年3月31日）

（1）連結経営成績（%表示は対前期増減率）

	売上高		営業利益		経常利益		親会社株主に帰属する当期純利益	
	百万円	%	百万円	%	百万円	%	百万円	%
28年3月期	1,884,656	△17.8	192,008	11.8	188,809	12.3	111,936	16.8
27年3月期	2,292,548	8.5	171,753	3.4	168,169	5.4	95,828	△11.6

（注）包括利益　28年3月期　89,874百万円（△28.6％）　27年3月期　125,826百万円（△14.5％）

	1株当たり当期純利益	潜在株式調整後1株当たり当期純利益	自己資本当期純利益率	総資産経常利益率	売上高営業利益率
	円　銭	円　銭	%	%	%
28年3月期	46.68	―	10.3	8.4	10.2
27年3月期	39.15	―	9.2	7.6	7.5

（参考）持分法投資損益　28年3月期　2,122百万円　27年3月期　3,313百万円

（2）連結財政状態

	総資産	純資産	自己資本比率	1株当たり純資産
	百万円	百万円	%	円　銭
28年3月期	2,251,518	1,115,172	48.9	460.35
27年3月期	2,257,662	1,087,262	47.4	438.28

（参考）自己資本　28年3月期　1,100,271百万円　27年3月期　1,069,515百万円

（3）連結キャッシュ・フローの状況

	営業活動によるキャッシュ・フロー	投資活動によるキャッシュ・フロー	財務活動によるキャッシュ・フロー	現金及び現金同等物期末残高
	百万円	百万円	百万円	百万円
28年3月期	354,658	△236,406	△75,418	170,102
27年3月期	223,225	△184,838	△67,741	128,333

2．配当の状況

	年間配当金					配当金総額（合計）	配当性向（連結）	純資産配当率（連結）
	第1四半期末	第2四半期末	第3四半期末	期末	合計			
	円　銭	円　銭	円　銭	円　銭	円　銭	百万円	%	%
27年3月期	―	5.00	―	5.00	10.00	24,402	25.5	2.4
28年3月期	―	5.00	―	6.00	11.00	26,291	23.6	2.4
29年3月期（予想）	―	5.50	―	5.50	11.00		73.3	

第1章　株式の基礎

3．平成29年3月期の連結業績予想（平成28年4月1日～平成29年3月31日）
（1）連結経営成績

（％表示は、通期は対前期、四半期は対前年同四半期増減率）

	売上高		営業利益		経常利益		親会社株主に帰属する当期純利益		1株当たり当期純利益
	百万円	％	百万円	％	百万円	％	百万円	％	円　銭
第2四半期（累計）	718,000	△20.3	26,000	△76.4	22,000	△79.4	16,000	△80.1	6.74
通期	1,581,000	△16.1	48,000	△75.0	40,000	△78.8	35,000	△68.7	15.01

	自己資本当期純利益率	総資産経常利益率	売上高営業利益率
	％	％	％
通期	3.3	1.8	3.0

（2）連結財政状態

	総資産	純資産	自己資本比率	1株当たり純資産
	百万円	百万円	％	円　銭
通期	2,227,000	1,038,000	45.9	446.27

（参考）自己資本　　　1,022,000百万円

※　注記事項
（1）期中における重要な子会社の異動（連結範囲の変更を伴う特定子会社の異動）：無
　　　（参考）連結の範囲及び持分法の適用に関する事項
　　　　　　　連結子会社数67社（増加1社、減少3社）、持分法適用関連会社7社（増加1社）

（2）会計方針の変更・会計上の見積りの変更・修正再表示
　　①　会計基準等の改正に伴う会計方針の変更：有
　　②　①以外の会計方針の変更　　　　　　　：無
　　③　会計上の見積りの変更　　　　　　　　：無
　　④　修正再表示　　　　　　　　　　　　　：無
　　（注）詳細は、添付資料23ページ「（5）連結財務諸表に関する注記事項③（会計方針の変更・会計上の見積りの変更・修正再表示）」をご覧下さい。

（3）発行済株式数（普通株式）
　　①　期末発行済株式数（自己株式を含む）　28年3月期　2,396,778,295株　27年3月期　2,446,778,295株
　　②　期末自己株式数　　　　　　　　　　　28年3月期　　　6,700,416株　27年3月期　　　6,540,207株
　　③　期中平均株式数　　　　　　　　　　　28年3月期　2,398,002,800株　27年3月期　2,447,967,930株

（参考）個別業績の概要
1．平成28年3月期の個別業績（平成27年4月1日～平成28年3月31日）
（1）個別経営成績

（％表示は対前期増減率）

	売上高		営業利益		経常利益		当期純利益	
	百万円	％	百万円	％	百万円	％	百万円	％
28年3月期	1,677,345	△19.5	155,028	22.9	164,052	17.1	93,566	△9.9
27年3月期	2,083,595	9.2	126,192	△1.9	140,048	7.5	103,863	15.3

	1株当たり当期純利益	潜在株式調整後1株当たり当期純利益
	円　銭	円　銭
28年3月期	39.02	―
27年3月期	42.43	―

（2）個別財政状態

	総資産	純資産	自己資本比率	1株当たり純資産
	百万円	百万円	％	円　銭
28年3月期	1,810,657	840,020	46.4	351.46
27年3月期	1,827,125	810,965	44.4	332.33

（参考）自己資本　28年3月期　840,020百万円　27年3月期　810,965百万円

出所：東京ガスホームページより掲載。

よくわかるエネルギー株

注記事項も見ておこう

　決算短信の表紙の注記事項も重要です。注記事項には、重要な子会社の異動や、会計方針の変更、発行済株式数などが載っています。重要な子会社の異動や会計方針の変更は、決算の数字に大きな影響を及ぼす場合があります。また、発行済株式数は、EPSやBPSを計算するために重要です。

5. 決算書の仕組み

　次に、決算書の仕組みを簡単に紹介します。**表1-1**に示すように、主な三つの決算書は、損益計算書(PL)、貸借対照表(BS)、キャッシュ・フロー（CF）計算書です。これら三つの決算書は、決算短信の表紙に概要が載っていて、決算短信の本文に、それぞれの詳細な数字が載っています。この他にも、株式市場の観点からは、セグメント情報も注目されます。セグメント情報は、決算短信の本文に載っています。

(1) 損益計算書

　PLは、売上高、費用、利益などをまとめています。PLは、『Profit and Loss Statement』の略称です。

　売上高は、さまざまな製品やサービスの販売価格と販売数量が基本です。1L（リットル）100円のガソリンが10L売れれば、単純計算で売上高は1,000円になります。

　売上高から、さまざまな費用を差し引くことによって、営業利益、経常利益、純利益と3種類の利益が示されています。営業利益は本業の儲けを示しています。経常利益は、営業利益から持分

14

第1章　株式の基礎

法投資損益や支払利息などの営業外損益を計算した利益です。純
利益は、経常利益から特別利益や特別損失、税金を差し引いたも
のです。

　会社ごとに、注目される利益の項目が異なります。会社の事業
の特徴や開示内容に合った利益項目に注目することが重要です。
例えば、多くの電力会社の決算説明会資料では、経常利益に関す
る説明が多いです。これは、電力会社の支払利息の金額が大きい
ため、支払利息が差し引かれた後の経常利益が会社の実力をより
良く示しているからです。

　また、国際石油開発帝石（INPEX）（1605）の説明会資料では、
純利益に関する説明が多いです。これは、海外の油田とガス田は
税率が高いため、税金が差し引かれた後の純利益が会社の実力を
より良く示しているからです。

表1-1-1　損益計算書（P／L）の主な項目

・売上高
・営業利益
・経常利益
・純利益

出所：MUMSS作成

(2) 貸借対照表

　BSの表は、左右に分かれています。貸借対照表の左側には資
産の部があり、右側に負債・純資産の部があります。資産の部の
合計金額と、負債・純資産の部の合計金額は一致（バランス）し
ています。BSは、『Balance Sheet』の略称です。

　資産の部は、会社が保有する資産についての金額が載っており、

よくわかるエネルギー株

流動資産や固定資産などがあります。設備投資をして工場を建設すると、固定資産に載ります。

　負債・純資産の部は、資金の運用状況を示しており、負債と純資産の金額が載っています。負債は、返さなければいけないお金で、固定負債と流動負債に分類されています。

　純資産は、資産合計（貸借対照表の左側の合計）から負債合計を差し引いた金額で、株主資本などが含まれます。

表 1-1-2　貸借対照表（BS）の主な項目

<資産の部>	<負債の部>
・流動資産	・流動負債
・固定資産	・固定負債
・有形固定資産	
・無形固定資産	<純資産の部>
・投資その他の資産	・株主資本
	・その他の包括利益累計額
	・少数株主持分
・資産合計	・負債・純資産合計

出所：MUMSS作成

（3）キャッシュ・フロー計算書

　CF計算書は、現金の出入りを示しています。CFは『Cash Flow』の略称です。

　損益計算書と貸借対照表は会計ルールに基づいて計算されていますが、実際の現金（キャッシュ）の出入りとは異なる場合があります。そこで、キャッシュ・フロー計算書で、実際の現金の出入りを把握することができます。

　営業キャッシュ・フローは、事業に関するキャッシュ・フロー

第1章　株式の基礎

を示しています。通常は、営業キャッシュ・フローはプラス（現金が会社に入る）です。

そして、投資キャッシュ・フローは、投資活動に伴うキャッシュ・フローを示しています。通常は設備投資などがあるので、投資キャッシュ・フローはマイナス（現金が会社から出ていく）です。財務キャッシュ・フローは、資金調達による現金の出入りを示しています。

なお、FCF（フリーキャッシュ・フロー）とは、営業キャッシュ・フローから投資キャッシュ・フローを差し引いて計算します。一般的にFCFはプラスの方が望ましいですが、一過性で設備投資額が大きくなる場合には、FCFがマイナスになることがあります。

表1-1-3　キャッシュフロー計算書の主な項目

・営業キャッシュフロー
・投資キャッシュフロー
・財務キャッシュフロー

出所：MUMSS作成

(4) セグメント情報

会社が複数の事業を行っている場合、セグメント情報が載っています。

損益計算書は、会社全体の売上高や損益を示しているので、事業ごとの売上や利益は分かりません。そこで、セグメント情報をみて、事業ごとの売上高や損益を調べます。会社への、事業ごとの業績への貢献度合いがわかります。会社の名前と異なる事業が、

17

よくわかるエネルギー株

図1-6　東京ガスのセグメント情報

東京瓦斯㈱（9531）平成28年3月期決算短信

④（セグメント情報等）

　1．報告セグメントの概要

　　当社グループの報告セグメントは、構成単位のうち分離された財務情報が入手可能であり、取締役会が経営資源の配分の決定及び業績を評価するために、定期的に検討を行う対象となっているものです。

　　当社グループは天然ガスをコアとした総合エネルギー事業をより広域的なマーケットで展開することを基本としており、天然ガスを原料として生み出されるエネルギーである「都市ガス」と「その他エネルギー」、及びその周辺事業としての「器具及びガス工事」を主な製品・サービスとして事業活動を展開しています。

　　さらに保有不動産の効率的活用も収益基盤の一つとして事業展開していることから、当社グループは「都市ガス」、「器具及びガス工事」、「その他エネルギー」及び「不動産」の4つを報告セグメントとしています。

　　各報告セグメントの主な製品・サービスは以下のとおりです。

　　　「都市ガス」…都市ガス

　　　「器具及びガス工事」…ガス器具、ガス工事

　　　「その他エネルギー」…エネルギーサービス、液化石油ガス、電力、産業ガス、LNG販売

　　　「不動産」…土地及び建物の賃貸及び管理等

　2．報告セグメントごとの売上高、利益又は損失、資産、その他の項目の金額の算定方法

　　報告されている事業セグメントの会計処理の方法は、連結財務諸表作成のための基本となる重要な事項と同一です。

　　報告セグメントの利益は、営業利益のベースの数値です。

　　セグメント間の内部売上高及び振替高は連結会社間の取引であり、市場価格等に基づいています。

　3．報告セグメントごとの売上高、利益又は損失、資産、その他の項目の金額に関する情報

　　前連結会計年度（平成26年4月1日～平成27年3月31日）

（単位：百万円）

| | 報告セグメント | | | | | その他（注1） | 合計 | 調整額（注2） | 連結財務諸表計上額（注3） |
	都市ガス	器具及びガス工事	その他エネルギー	不動産	計				
売上高									
外部顧客への売上高	1,582,930	191,576	401,113	10,164	2,185,784	106,763	2,292,548	－	2,292,548
セグメント間の内部売上高又は振替高	57,976	13,385	7,144	15,774	94,282	119,477	213,759	△213,759	－
計	1,640,907	204,961	408,257	25,939	2,280,066	226,241	2,506,307	△213,759	2,292,548
セグメント利益	157,152	3,029	30,511	4,383	195,076	19,527	214,603	△42,849	171,753
セグメント資産	1,180,776	72,166	221,231	138,030	1,612,205	319,073	1,931,279	326,383	2,257,662
その他の項目									
減価償却費	107,544	1,021	11,515	7,360	127,442	13,939	141,381	△2,746	138,635
有形固定資産及び無形固定資産の増加額	161,213	696	26,434	4,139	192,484	33,141	225,625	△4,305	221,320

第1章　株式の基礎

東京瓦斯㈱（9531）平成28年3月期決算短信

- （注） 1. 「その他」の区分は、報告セグメントに含まれない事業セグメントであり、建設事業、情報処理サービス事業、船舶事業、クレジット・リース事業、海外事業等を含んでいます。
  2. 調整額は以下のとおりです。
     - (1) セグメント利益の調整額△42,849百万円には、セグメント間取引消去226百万円及び各報告セグメントに配分していない全社費用△43,076百万円が含まれています。全社費用は、主に報告セグメントに帰属しない一般管理費です。
     - (2) セグメント資産の調整額326,383百万円には、各報告セグメントに配分していない全社資産394,713百万円及びセグメント間の債権の相殺消去△68,329百万円が含まれています。全社資産は、主に報告セグメントに帰属しない金融資産等です。
  3. セグメント利益は、連結財務諸表の営業利益と調整を行っています。

当連結会計年度（平成27年4月1日～平成28年3月31日）

(単位：百万円)

| | 報告セグメント | | | | | その他(注1) | 合計 | 調整額(注2) | 連結財務諸表計上額(注3) |
	都市ガス	器具及びガス工事	その他エネルギー	不動産	計				
売上高									
外部顧客への売上高	1,248,383	197,702	341,211	9,466	1,796,763	87,893	1,884,656	—	1,884,656
セグメント間の内部売上高又は振替高	45,982	13,894	5,802	16,045	81,724	116,268	197,993	△197,993	—
計	1,294,365	211,596	347,014	25,511	1,878,488	204,162	2,082,650	△197,993	1,884,656
セグメント利益	192,020	884	29,319	5,148	227,373	11,842	239,215	△47,207	192,008
セグメント資産	1,159,474	70,894	223,029	137,828	1,591,225	297,616	1,888,842	362,676	2,251,518
その他の項目									
減価償却費	111,603	929	12,209	7,273	132,015	12,995	145,011	△3,080	141,930
有形固定資産及び無形固定資産の増加額	168,891	912	25,635	6,746	202,186	24,670	226,856	△5,507	221,349

- （注） 1. 「その他」の区分は、報告セグメントに含まれない事業セグメントであり、建設事業、情報処理サービス事業、船舶事業、クレジット・リース事業、海外事業等を含んでいます。
  2. 調整額は以下のとおりです。
     - (1) セグメント利益の調整額△47,207百万円には、セグメント間取引消去△1,420百万円及び各報告セグメントに配分していない全社費用△45,786百万円が含まれています。全社費用は、主に報告セグメントに帰属しない一般管理費です。
     - (2) セグメント資産の調整額362,676百万円には、各報告セグメントに配分していない全社資産428,435百万円及びセグメント間の債権の相殺消去△65,759百万円が含まれています。全社資産は、主に報告セグメントに帰属しない金融資産等です。
  3. セグメント利益は、連結財務諸表の営業利益と調整を行っています。

出所：東京ガスホームページより掲載。

よくわかるエネルギー株

大きな利益を出している場合もあります。

　図1−6は、東京ガスの2015年度の決算短信25ページに載っているセグメント情報です。注記をみると、セグメント利益は営業利益と同じであることが分かります。

　セグメント情報をみると、東京ガスのセグメントは、『都市ガス』、『器具及びガス工事』、『その他エネルギー』、『不動産』の四つです。それぞれの事業セグメントの主な製品やサービスは決算短信24ページに載っています。

　それでは、東京ガスが2015年度決算の営業利益で一番稼いだセグメントはどこでしょうか？

　2015年度のセグメント情報をみると、都市ガスの営業利益が1,920億円と一番大きいことがわかります。2番目に営業利益が大きいのは、その他エネルギー事業です。

　2015年度のセグメント利益の調整額は、△472億円（△は損失の意味です）です。注記をみると、調整額には、全社費用が含まれています。これは、例えば、本社の間接部門の費用は、セグメント別というよりも全社に対する費用なので、調整額という扱いになっています。

　会社によっては一つの事業で、売上高やセグメント利益のほとんどを占める場合もあります。この場合には、セグメント情報は開示されないこともあります。

6. 会社の経営方針を調べよう

中期経営計画は要チェック

会社の業績の将来予想を考えるうえで、会社の経営方針が参考

になります。多くの会社が、中期経営計画を開示して、経営方針や具体的な事業展開について説明をしています。

エネルギー会社では、中期経営計画の対象期間は、3年間から5年間が多いですが、対象期間が10年間の場合もあります。

多くの中期経営計画には、財務目標の数値が載っています。財務目標の数値には、例えば、経常利益、純利益、ROE（自己資本純利益率）、自己資本比率などがあります。会社によって、財務目標にしている決算項目が異なります。会社がどの財務目標を重視しているか知ることは、重要な情報になります。

エネルギー会社の中期経営計画を見るときには、原油などの燃料の価格や為替などの前提条件を確認しましょう。燃料価格と為替の変動は、会社がコントロールできない外部要因です。この外部要因の変動が、中期経営計画の財務目標に影響を与えていることもあります。

ROEは特に重要な財務指標

株主の観点からみると、特に重要な財務指標はROEです。ROEは『Return on Equity』の略であり、自己資本純利益率と訳されます。ROEの計算式は、

$$ROE（\%） = \frac{純利益}{自己資本}$$

です。自己資本は、株主資本とその他の包括利益累計額の合計（貸借対照表の右側に載っています）です。

ROEは、自己資本を使ってどれだけ純利益を稼いでいるかを

みる指標です。自己資本は、基本的に株主が払い込んだお金のことです。ROEは、この株主からのお金を活用して、いくらの純利益を稼いだかを示す指標です。中期事業計画の財務目標にROEを採用していない会社は、株主を重視する度合いが低いかもしれません。

ROEの水準は、業界によってさまざまです。その会社の過去のROEや同業他社のROEと比較することをお勧めします。

株主還元政策も必ずチェックしましょう

株主還元政策を必ずチェックしましょう。株主還元政策とは、配当政策や自社株買い政策のことです。一般的には、株主還元政策は、中期事業計画や決算短信に載っています。

配当政策については、安定配当を基本方針とするところが多いですが、配当性向（純利益に対する配当総額の割合）の数値目標を掲げているところもあります。

株式市場では、増配など株主還元に積極的な経営方針がより高く評価されています。

7.　株価指標（株価バリュエーション）

株価指標（株価バリュエーション）とは、会社の業績に基づいて、株価が割高なのか割安なのかを判断するための投資尺度です。決算が好調とはいえ、株価が上がり過ぎる（割高になる）こともあれば、反対に、決算が悪いとはいえ、株価が下がり過ぎる（割安になる）こともあります。

第1章　株式の基礎

1株当たりの業績・・・EPS、BPS、配当金

　株価指標を計算するうえで、まず、1株当たりの業績を調べましょう。1株当たりの業績には、EPS（1株当たり純利益）、BPS（1株当たり純資産）、1株当たり配当金があります。

　以下では、EPSで説明します。同じ水準の純利益を稼いでいても、株式数が異なれば、EPSが異なります。

　例えば、A社とB社の純利益が同じ100億円とします。発行済株式数がA社1億株、B社10億株と異なります。この場合、A社のEPSは100円（＝純利益100億円÷株式数1億株）です。これに対して、B社のEPSは10円（＝純利益100億円÷株式数10億株）になります。純利益の数字は同じでも、EPSを比べると、1株当たりでは、A社はB社よりも多く稼いでいることになります。

　1株当たりの業績は、決算短信に数字が載っている場合がありますし、決算短信の表紙に載っている発行済株式総数に基づいて計算することもできます。また、会社四季報や日経会社情報などのマスコミ情報やYahoo! ファイナンスなどインターネットのホームページでも、1株当たりの業績が載っている場合もあります。

三つの株価指標・・・PER、PBR、配当利回り

　次に、株価指標（株価バリュエーション）のうち、代表的な三つの指標を紹介します。用語や計算式は、東洋経済新報社が発行している会社四季報（2017年1集／新春号）に基づいています。

　株価指標の割高・割安の判断に、決まったルールはありません。一般的には、過去の株価指標と比べたり、国内外の同じような事

23

よくわかるエネルギー株

業をやっている会社の株価指標と比べます。日本経済新聞のマーケット面には、日経平均株価など平均的な投資指標が載っています。参考までに、以下のそれぞれの株価指標の説明で、日経平均採用銘柄の平均値を紹介します。この日経平均採用銘柄の平均値も変動する点に注意してください。

(1) PER（株価収益率）

　PERは、『Price Earnings Ratio』の略であり、株価収益率と訳されます。PERの計算式は、

$$\text{PER（倍）} = \frac{\text{株価（円）}}{\text{EPS（円／株）}} \quad \left(\text{EPS（円）} = \frac{\text{純利益}}{\text{株式数}} \right)$$

です。会社四季報のEPSは、純利益を各決算期の期中平均株式数で除して計算しています。

　例えば、A社の株価が1,000円で、EPSが100円の場合には、PERは10倍（＝株価1,000円÷EPS100円）と計算されます。

　日本経済新聞によると、日経平均採用銘柄の予想PERの平均は16.52倍です（出所：2017年1月12日付け日本経済新聞）。

(2) PBR（株価純資産倍率）（Price Book-value ratio）

　PBRは、『Price Book-value ratio』の略であり、株価純資産倍率と訳されます。PBRの計算式は、

$$\text{PBR（倍）} = \frac{\text{株価（円）}}{\text{BPS（円／株）}} \quad \left(\text{BPS（円）} = \frac{\text{自己資本}}{\text{株式数}} \right)$$

です。会社四季報の定義では、BPSは純資産を期末の発行済株

式数で除しています。BPSの計算では、純資産から優先株式の発行価額・配当金や少数株主持分等を控除しています。

例えば、A社の株価が1,000円で、BPSが800円の場合には、PBRは1.25倍（＝株価1,000円÷BPS800円）と計算されます。

日本経済新聞によると、日経平均採用銘柄のPBRの平均は1.36倍です（出所：2017年1月12日付け日本経済新聞）。

(3) 配当利回り

配当利回りの計算式は、

$$配当利回り（\%）= \frac{配当金}{株価（円）}$$

です。

例えば、A社の株価が1,000円で、配当金が30円の場合には、配当利回りは3％（＝配当金30円÷株価1,000円）と計算されます。

日本経済新聞によると、日経平均採用銘柄の予想配当利回りの平均は1.56％です（出所：2017年1月12日付け日本経済新聞）。

第2章

エネルギー会社の株価の見方

第2章　エネルギー会社の株価の見方

　第2章は、エネルギー会社の株価の見方を紹介します。はじめに、エネルギー会社全体に共通する注目点を紹介し、その後に、電力や都市ガス、石油などのエネルギー別の注目点を紹介します。

1. エネルギー会社に共通する株価の見方

　エネルギー会社に共通する主な注目点は、(1)エネルギー価格、(2)販売数量、(3)エネルギー政策の3点です。

(1) エネルギー価格の変動

　エネルギー会社は、原油、石炭、LNG（液化天然ガス）、LPガス等のエネルギーを輸入しています。エネルギー価格の変動は、エネルギー会社の業績に影響するため、株式市場ではエネルギー価格の日々の推移が注目されています。特に、エネルギーの代表である原油価格への注目度合は高いです。

　原油にはいろいろな種類があります。代表的な原油価格は、ブレント原油価格（ロンドン市場）、WTI原油価格（ニューヨーク市場）、ドバイ原油価格（中東原油の指標）の三つです。

　図2-1は、ブレント原油価格の推移を示しています。ブレント原油価格は、2015年末35.8ドル／バレルから2016年末55.4ドル／バレルに約55％上昇しました。

　一般的に、原油価格の上昇は、原油や天然ガスの生産事業（油田やガス田）にとって増益要因です。油田の原油生産量を一定とすると、原油価格が50％上昇すれば、原油の売上高は50％増収します。仮に、油田の操業コストを一定とすると、売上高の増収は増益要因となります。

29

石油製品事業では、原油を輸入して、製油所でガソリンなどを生産しています。原油価格の上昇は、原料コストの増加要因です。もし、石油製品の販売価格に、原油コスト上昇分を転嫁できない場合には、石油製品のスプレッド（利幅）が悪化します。

図2-1　ブレント原油価格の推移

出所：ブルームバーグに基づきMUMSS作成。
注：月末値

(2) エネルギー販売量の変動

国内のエネルギー需要

エネルギー価格の変動の次に、エネルギー販売量の変動の特徴が重要です。

まず、中長期的には、国内のエネルギー需要量の増加は見込みにくい状況です。日本の人口や世帯数の増加率の鈍化や自動車の燃費改善やエネルギー設備の省エネが進んでいることが背景にあ

エネルギー需要量の季節性

四半期ごとにエネルギー需要量を見る場合には、夏や冬の季節性に注意してください。例えば、暖房向けエネルギーの需要ピークは冬です。夏は冷房需要のピークがあります。

エネルギー需要の季節性は、会社の四半期決算に影響します。例えば、石油会社の四半期ごとの石油製品の販売量は、灯油の需要がピークになる1–3月期の販売量がもっとも多くなる傾向があります（**図2–2参照**）。LPガス会社も家庭の暖房向けLPガスの販売量が季節性によって変動しています。決算期が3月のLPガス会社の決算は、上期（4—9月期）よりも下期（10—3月期）の方が売上も利益も大きくなる傾向があります。

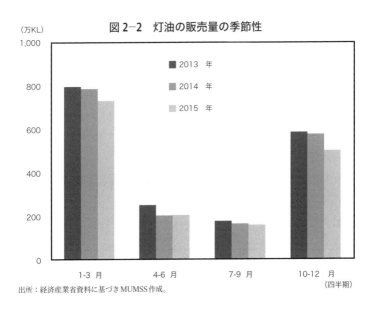

図2–2　灯油の販売量の季節性

出所：経済産業省資料に基づきMUMSS作成。

よくわかるエネルギー株

(3) 日本のエネルギー政策

日本のエネルギー政策が、エネルギー会社の経営に大きな影響を与えることがあります。政治、行政、司法の三つの視点から紹介します。

政治分野

日本政府のエネルギー政策の中心はエネルギー基本計画（資源エネルギー庁のホームページに載っています）です。エネルギー基本計画は、数年に1度、改定されています。直近のエネルギー基本計画は2014年4月に閣議決定されました。

日本のエネルギー政策のなかで、東日本大震災後に注目されてきたのは、電力・ガスのシステム改革（小売全面自由化など）、原子力発電所、再生可能エネルギー発電、石炭火力発電所についてです。日本政府が、これらの電源を積極的に推進していくのか、もしくは、抑制していくのかによって、電力会社への規制内容が変わります。

また、地方自治体のエネルギー政策がエネルギー会社の経営に影響を与えることもあります。特に、原子力発電所の運営は、地元の地方自治体の意向が重要視されていますので、地元の地方自治体の首長（県知事など）の政治姿勢が注目されます。

行政分野

多くの日本政府の規制がエネルギー会社の経営に影響を及ぼしています。

例えば、原子力規制委員会が原子力発電所の安全審査をしています。原子力規制委員会は、環境省の外局として設置されており、中立公正な立場で独立して職権を行使できる仕組みになっています。原子力規制委員会の安全審査に関する判断や安全審

査に掛かる時間が、原子力発電所の稼働に大きく影響しています。

　他には、電力・ガスシステム改革の制度の詳細設計やエネルギー設備を建設するときの環境アセスメントの運営（審査基準や審査期間）なども例として挙げられます。

司法分野

　司法分野では、原子力発電所に関する訴訟が注目点です。2016年3月9日に大津地方裁判所（滋賀県）は、関西電力の高浜原子力発電所3号機と4号機（福井県）の再稼働禁止の仮処分命令を出しました。このため、関西電力は稼働中だった高浜原子力発電所3号機を停止しました（同4号機は稼働していませんでした）。この大津地方裁判所の仮処分については、大阪高等裁判所で審議中です（2017年1月12日現在）。

2. 電力会社の株価の見方

　電力会社の中核事業は、発電所で発電した電気を需要家に販売することです。主な電力会社は、東京電力ホールディングス（9501）、中部電力（9502）、関西電力（9503）です。他に、発電事業だけ行う会社や電力小売事業だけ行う会社もあります。

(1) 電力会社の事業概要

　電力の発電から小売までの流れを見てみましょう。**図2-3**は、電気の流れを発電所から送配電、電力小売までを示しています。電力事業は、『発電事業』、『送電事業』、『小売事業』の3段階に分かれます。大手電力会社のように三つの事業を全て行っている

会社もあれば、発電事業もしくは小売事業を行っている会社もあります。

発電事業

　発電事業は、火力発電所や原子力発電所、水力発電所などの発電所を運営しています。例えば、天然ガスの火力発電所でみると、海外からLNG（液化天然ガス）を輸入して、天然ガスを燃料にして、火力発電機で発電をしています。発電した電力は、送配電設備を通じて、電力小売事業者に販売します。

送配電事業

　送配電事業は、送電線や配電線を保有し、電力の流通事業を行っています。発電会社や電力小売会社が送配電設備を使用する場合

図2-3　電気の流れ

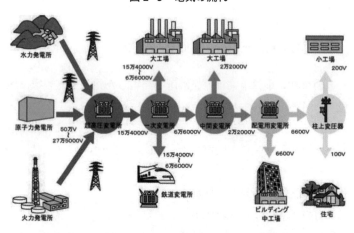

出所：電気事業連合会ホームページより掲載。

には、送配電会社に送配電設備の使用料（託送料）を支払います。送配電事業は、日本政府による規制が残っています。

電力小売事業

電力小売事業は、発電所や電力卸売市場などから電力を調達して、家庭や工場などの電力需要家に電力を小売しています。

電力会社の販売電力シェア

図2-4は、電力小売全面自由化前の2015年度の大手電力各社の販売電力量シェアを示しています。2015年度の電力10社の販売電力量の全国合計は7,971億kWh（キロワット時）でした。販売シェアが高い会社は、東京電力ホールディングスが31％、関西電力が16％、中部電力が15％です。

図 2-4　大手電力会社の販売電力量シェア

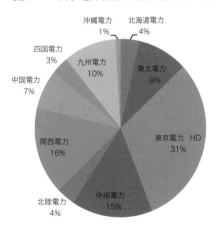

出所：電気事業連合会資料に基づきMUMSS作成。
注：2015年度。

よくわかるエネルギー株

(2) 電力会社の株価の見方

　電力会社の株価を見るときには、経常利益の変動が注目されます。以下では、発電から電力小売までの電力事業を全て行っている大手電力会社の場合を考えてみます。

　大手電力会社の経常利益の主な変動要因には、『販売電力量』、『電力の販売価格』、『燃料費』、『修繕費』などがあります。また、『配当金などの株主還元政策』も注目点です。

原子力発電所の発電量

　原子力発電所の稼働は、火力燃料費に大きな影響を与えます。仮に、原子力発電所の稼働率が上がり、原子力発電所の発電量が増加して、その分、火力発電量を減らすことができれば、天然ガスなどの火力燃料の消費量が減少（火力燃料費の減少）します。電力会社の決算説明会の資料には、原子力発電所の稼働率（利用率）の変動による火力燃料費の減少額に関する感応度が載っている場合があります。

電気料金政策

　2016年度から電力小売全面自由化が実施され、電力業界の競争が激しくなっています。このため、電力の販売価格の変動に注意が必要です。販売価格の変動要因には、後述するような燃料費調整制度によるタイムラグ影響の場合もありますが、販売電力量を拡大するために、意識的に電気料金を値下げするケースも出てくるでしょう。電気料金を値下げしても、販売数量が増加しなければ、経常利益が減益となるリスクもあります。

修繕費や設備投資額の変動

　大手電力会社は、発電所と送配電設備を保有しているため、設備更新だけでも費用や投資が多くかかっています。そして、新規

36

の設備投資する場合にも、金額が大きくなります。修繕費や設備投資の動向を確認することは、大手電力会社の経常利益を見るうえで、重要な項目です。

燃料費調整制度によるタイムラグ影響

　電力の販売価格の仕組みには、燃料費調整制度が導入されている場合が多いです。一般的に、燃料費調整制度では、約4ヵ月前の火力燃料の輸入価格に応じて、毎月の電力の販売価格は自動的に変動しています。例えば、天然ガスなどの火力燃料の輸入価格が上昇すると、約4ヵ月後の電力の販売価格を自動的に値上げする仕組みになっています。逆に、火力燃料の輸入価格が低下すると、約4ヵ月後の電力の販売価格を自動的に値下げする仕組みでもあります。

　燃料費調整制度は、長期的に経常利益への影響は中立となる仕組みです。しかし、約4ヵ月間のタイムラグがあるため、四半期（3ヵ月間）の経常利益には、影響が出てしまいます。例えば、火力燃料の輸入価格が上昇すると、同時に火力燃料費用が増加し、最初の4ヵ月間は、経常利益の減益要因となります。この減益は、一過性のものですので、タイムラグ影響を除いた実力ベースの経常利益を確認することをお勧めします（後述しますが、都市ガス会社も同じような仕組みがあります）。

3. 都市ガス会社の株価の見方

　都市ガス会社の中核事業は、LNG（液化天然ガス）を輸入して、天然ガスを供給することです。主な都市ガス会社は、東京ガス（9531）や大阪ガス（9532）です。

よくわかるエネルギー株

(1) 都市ガス会社の事業概要

　都市ガス事業は、都市ガスの導管（パイプライン）を通じて、需要家に天然ガスを販売する事業です。**図 2−5** は、LNG（液化天然ガス）の輸入から、都市ガスの需要家への販売までの都市ガスの流れを示しています。

　都市ガス事業は、『LNG 輸入事業』、『LNG 受入基地事業』、『都市ガス導管事業』、『都市ガス小売事業』の四つに分かれます。

LNG輸入

　LNG 輸入事業は、天然ガスを LNG タンカーで輸入する事業です。天然ガスは、マイナス 162 度に冷却すると、液体になります。天然ガスの液体の体積は、気体の体積に比べて、約 600 分の 1 になります。これを LNG タンカーで海外から輸入します。天然ガスの主成分はメタンです。米国のシェールガスも天然ガスの 1 種類です。

LNG受入基地

　LNG 受入基地には、LNG の受入設備、LNG タンク、気化設備などがあります。LNG タンカーから、LNG を基地に荷揚げして、基地の LNG タンクに貯蔵します。天然ガスを送るときには、気化設備で、LNG を液体から気体に転換して、熱量など品質を整えて、都市ガスとして都市ガス導管（パイプライン）に送出します。

都市ガス導管 (パイプライン)

　都市ガス導管（パイプライン）事業は、都市ガス導管を建設・運営する事業です。都市ガス導管には、大量の輸送をするための高圧ガス導管や、家庭 1 軒 1 軒につながっている配管まであります。

　2017 年度に予定されている都市ガスの小売全面自由化後も、

第2章 エネルギー会社の株価の見方

日本政府は都市ガス導管事業への規制を残す予定です（電力事業の送配電事業にも日本政府による規制が残っています）。

都市ガスの小売事業

　都市ガスの小売事業は、都市ガスを調達して、家庭や工場などの需要家に都市ガスを小売する事業です。日本都市ガス協会によると、2015年度末の都市ガスの需要家数は全国合計2,998万戸です。用途別の内訳は、家庭用2,834万戸、商業用127万戸、工業用6万戸、その他31万戸です。

都市ガス会社の販売シェア

　図2-6は、都市ガス会社の2015年度のガス販売量シェアを示しています。2015年度の都市ガスの販売量の全国合計は3.6億m³（立方㍍）〔41.8605MJ（㍋㍑）／m³換算〕。2015年度の都市

図2-5　都市ガス事業のイメージ

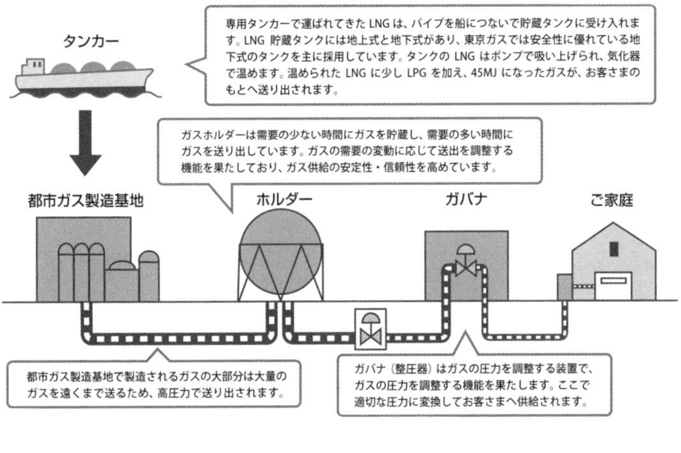

タンカー

専用タンカーで運ばれてきたLNGは、パイプを船につないで貯蔵タンクに受け入れます。LNG貯蔵タンクには地上式と地下式があり、東京ガスでは安全性に優れている地下式のタンクを主に採用しています。タンクのLNGはポンプで吸い上げられ、気化器で温めます。温められたLNGに少しLPGを加え、45MJになったガスが、お客さまのもとへ送り出されます。

都市ガス製造基地

ガスホルダーは需要の少ない時間にガスを貯蔵し、需要の多い時間にガスを送り出しています。ガスの需要の変動に応じて送出を調整する機能を果たしており、ガス供給の安定性・信頼性を高めています。

ホルダー

ガバナ

ご家庭

都市ガス製造基地で製造されるガスの大部分は大量のガスを遠くまで送るため、高圧力で送り出されます。

ガバナ（整圧器）はガスの圧力を調整する装置で、ガスの圧力を調整する機能を果たします。ここで適切な圧力に変換してお客さまへ供給されます。

出所：東京ガスホームページより掲載。

ガス会社(公営を含む)の数は、全国合計206でした。そのなかで、都市ガス会社4社で全体のシェアの約4分の3を占めています。都市ガスの販売シェアが高い順番にみると、東京ガスが37%、大阪ガスが23%、東邦ガスが11%です。

図2-6　都市ガス会社の都市ガス販売量シェア

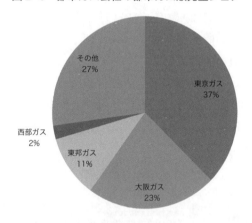

出所：日本ガス協会の資料に基づきMUMSS作成。
注：2015年度。

(2) 都市ガス会社の株価の見方

大手都市ガス会社の経常利益の主な変動要因には、都市ガス事業の『都市ガス販売量』、『都市ガス販売価格』、『LNGなど原料費』などがあります。また、都市ガス事業以外にも、電力事業(発電や電力小売)や上流事業(海外のガス田への出資など)も経常利益に影響を与える場合もあります。また、『配当金などの株主還元政策』も注目点です。

第 2 章　エネルギー会社の株価の見方

都市ガス販売量

　エネルギーの国内需要のうち、都市ガスは販売数量が増加する可能性が高いです。その理由は、例えば、工場などの石油のボイラーが天然ガスのボイラーに転換するケース（燃料転換と言います）や、都市ガス導管が延長して、新たな需要家を獲得するケースがあるからです。このため、都市ガス会社の都市ガス販売量の動向が注目されます。

都市ガスの料金政策

　2017 年度から都市ガスの小売全面自由化が予定されています。今後、都市ガスでも競争が激しくなる可能性があり、都市ガスの販売価格の変動に注意が必要になります。電力と同様に、都市ガスの販売価格には、原料費調整制度によるタイムラグ影響がありますが、意識的に都市ガスの販売価格を値下げするケースも出て来る可能性があります。

原料費調整制度によるタイムラグ影響に注意

　都市ガス事業の営業利益を見るうえで、原料費調整制度によるタイムラグ影響にも注意が必要です。これは、前述の電力事業における燃料費調整制度によるタイムラグ影響と、ほぼ同じ仕組みです(P37 参照)。都市ガス事業の原料とは、主に LNG のことです。

　LNG 輸入価格が上昇する場合には、都市ガス販売価格が値上がりするまでの約 4 ヵ月間は、LNG 輸入コストの増加だけが発生してしまい、経常利益は減益してしまいます。電力会社と同様に、原料費調整制度によるタイムラグ影響を除いた経常利益の実力の水準を確認することをお勧めします。

電力事業や海外事業

　いくつかの都市ガス会社は、グロース戦略のために、電力事業

41

や海外事業を展開しています。都市ガス事業に次ぐ経常利益の第2、第3の柱に育っているものもあります。電力事業は、国内外での発電事業や電力小売事業があります。また、海外のガス田への投資をする上流事業も見られます。今後の利益成長が期待される分野でもありますし、逆に失敗する場合には、連結の経常利益に大きな影響を与える場合もあります。

4. 原油・ガス開発生産会社の株価の見方

原油・ガス開発生産会社（上流会社）は、海外での油田やガス田で、原油や天然ガスを生産している会社です。主な会社は、国際石油開発帝石（INPEX）（1605）や石油資源開発（1662）です。

(1) 原油・ガス開発生産の事業概要

図2-7は、油田やガス田の鉱区権益の取得から生産までのプロジェクトの流れを示しています。一番最初の鉱区権益の取得から解説していますが、実際には、プロジェクトに参加することもありますし、掘削の失敗などにより途中で頓挫する場合もあります。

プロジェクトの主導的な役割を果たしている会社をオペレーターと言います。一般的に、オペレーターはプロジェクトへの出資比率がもっとも高く、プロジェクトの設備投資の最終決定などの意思決定で主導的な役割を果たします。INPEXの豪州のイクシスLNGプロジェクトは、INPEXのオペレーター案件として、鉱区権益の取得から行っています。

油田やガス田は、生産井と呼ばれる井戸から原油や天然ガスをくみ上げています。長期的な原油や天然ガスの生産量の合計は、

地下にある埋蔵量と生産方法によって異なります。油田が生産できる寿命は、数年間から数十年と幅広いです。

　以下では、陸上油田の開発生産プロセスの一例を紹介します。

鉱区権益の取得

　原油が噴出しそうな地域（鉱区）について、現地の政府から原油や天然ガスを開発・生産する許可（権益）を取得する必要があります。鉱区の権益の仕組みは、国によって異なっており、権益に付随する条件はプロジェクトによって異なります。

探鉱

　権益を取得した鉱区で、油田の有無やその位置（深さ）などの可能性について調査を行います。一般的には、地表などの地質調査を行い、その後に三次元地震探査などの物理探査を行います。三次元地震探査とは、人工的に地震をおこし、地震波を分析して地下の地質構造を調べる探査方法です。そして、具体的な場所や深さを決めて、井戸を試し掘りします。試し掘りの井戸のことを試掘井と言います。

採算性検討

　油田の埋蔵量を推定し、原油生産量の見通しや投資額などを検討します。採算性があると判断すれば、投資を決定することになります。この投資決定を、最終投資決定（FID）と呼ぶことがあります。

開発

　原油を生産するための井戸（生産井）を掘削して、生産設備（パイプラインやプラント）を建設します。生産井の本数は、プロジェクトによって異なります。また、深く掘るほど、生産井の掘削コストは高くなります。

よくわかるエネルギー株

生産・販売

　生産した原油は、パイプラインを通じて、輸送されます。油田のプラントでは、原油から水分や不純物などを取り除いています。そして、パイプラインや原油タンカーによって、原油が出荷されます。

図2−7　原油・天然ガスの開発の流れ

1 鉱区権益の取得	情報収集 ↓ 対象地域の事前調査 ↓ 鉱区権益取得手続き ↓
2 探鉱	地質調査 ↓ 物理調査 ↓ 試掘 ↓
3 採算性検討	埋蔵量評価等
4 開発	開発計画の決定 ↓ 生産井の掘削、生産施設等の建設 ↓
5 生産・販売	生産・販売

出所：石油鉱業連盟資料に基づき MUMSS 作成。

(2) 原油・天然ガス開発生産会社の株価の見方

　原油・ガス開発生産会社の株価を見る場合には、油ガス田の税率は高いため、税引き後の純利益が注目されます。純利益の主な変動要因には、『原油や天然ガスの生産量』、『販売価格』、『生産コスト』、『探鉱コスト』などが挙げられます。中期的に、原油・ガス開発生産会社の生産量と埋蔵量は増加していくことが理想的

です。また、『配当金などの株主還元政策』も注目点です。

原油価格や天然ガス価格の変動

　原油・ガス開発生産会社の業績は、原油価格や天然ガス価格の変動によって、左右されます。そして、前述したように、原油価格の変動幅が大きいため、利益への影響度合いも大きくなります。また、原油と天然ガスの販売は、米ドル決済が多いので、円／ドル・レートの為替の影響も受けます。原油・ガス開発生産事業を行っている会社は、原油価格の変動による利益への感応度を開示していることが多いです。

　例えば、INPEXの2016年度の会社計画では、原油価格が1ドル／バル上昇すると年間の純利益は29億円増益になり、為替（円／ドル）が1円円安になると年間の純利益は13億円増益になると開示されています。なお、INPEXの2015年度の純利益は167億円でした（2015年度平均のブレント原油価格は48.7ドル／バル，為替120.2円／ドル）。

原油や天然ガスの生産量

　原油や天然ガスの生産量は、中長期的に増加していくことが望ましいです。一般的に、油田やガス田の生産量は、だんだん減少していきます。このため、既存の油田やガス田については、生産量を維持もしくは増加させるための投資が必要です。中長期的に生産量が増加できるように、会社がさまざまなプロジェクトを管理していることが重要です。

　原油や天然ガスの生産量が、計画外に短期的に変動することがあります。例えば、油田の事故などによる技術的なトラブルの発生や、治安悪化などの政治情勢の変化によって、油田の操業が滞るときもあります。生産量の減少は、減益要因となる可能性があ

よくわかるエネルギー株

りますので、注意が必要です。

原油と天然ガスの埋蔵量

　中長期的に、原油や天然ガスの生産量だけでなく、埋蔵量が増加し、可採年数も長くなることが原油・ガス開発生産会社の理想です。

　埋蔵量とは、油田やガス田に埋蔵されている原油や天然ガスの数量のことです。埋蔵量の定義にはいくつか種類がありますが、確認埋蔵量（proved reserves）の数字がもっとも注目されます。確認埋蔵量は、一定の経済条件と操業条件に基づいて、将来的に高い確率で生産することのできる数量のことです。

　確認埋蔵量の次に可能性が高い分を推定埋蔵量（probable reserves）と言います。推定埋蔵量は、経済条件や操業条件が改善すれば、確認埋蔵量に昇格する可能性があります。

　可採年数とは、埋蔵量を生産量で除した数字で、その油田の生産可能な年数を示しています。一般的には、ある年度末の埋蔵量を、同じ年度の生産量で除して計算します。

　INPEXの可採年数を計算してみましょう。INPEXは油田もガス田も保有しているので、以下の生産量と埋蔵量は、原油と天然ガスの合計値になります。この原油と天然ガスの合計値の単位は、バレル（原油換算）を使用しています。INPEXの決算説明会の資料では、原油の単位はバレルであり、天然ガスの単位はcf（cubic feet，立方フィート）や立方メートルが使用されています。

　INPEXの2015年度の原油と天然ガスの生産量は、日量51.4万バレル（原油換算）です。年間の生産量は、約1.88億バレル（原油換算）（＝51.4万バレル×365日）と計算されます。

　INPEXの2015年度末の確認埋蔵量は32.64億バレル（原油換算）で

す。なお、2015年度末の推定埋蔵量は17.05億㌻（原油換算）です。したがって、確認埋蔵量と推定埋蔵量の合計は、49.70億㌻（原油換算）となります。

これらの数字から、INPEXの確認埋蔵量の可採年数は、約17年（＝確認埋蔵量32.64億㌻÷年間生産量1.88億㌻）と計算されます。

5. 石油会社の株価の見方

石油会社の中核事業は、原油を輸入して、製油所で生産した石油製品を販売することです。主な会社は、出光興産(5019)、JXホールディングス(5020)、コスモエネルギーホールディングス(5021)です。

(1) 石油会社の事業概要

石油会社の主な事業は、石油製品の精製・販売事業です。**図2-8**は、原油輸入から、石油製品販売までの流れを示しています。石油会社は、製油所で原油から石油製品を生産します。そして、石油会社は、石油製品をサービスステーション（SS）に卸売したり、消費者に小売します。石油業界では、石油製品の卸売のことを、元売と呼ぶことが多いです。

製油所の中心となる設備は、常圧蒸留装置（トッパー）です。原油は、常圧蒸留装置で加熱され、沸点の違いを利用して、ガソリンや軽油などの石油製品に分離しています。

また、接触分解装置(FCC)などの分解設備で、重油を分解して、ガソリンや軽油などの採算性のある石油製品を生産することもあ

47

よくわかるエネルギー株

ります。

　サービスステーションとは、ガソリンスタンドのことです。経済産業省によると、2015 年度末のサービスステーション数は 32,333 ヵ所です。日本エネルギー経済研究所の石油情報センターによると、2015 年度末のセルフ SS 数は、9,728 ヵ所です。サービスステーションのうちセルフ SS が占める割合は、約 30％と計

図 2−8　石油製品のサプライチェーン

■石油のサプライチェーン（流通・物流経路）

輸　入
● 原油輸入のためのタンカー
延運航隻数:765隻（2014年度）
※隻数は平均稼働を基に計算した推計値

原油貯蔵・備蓄
● 原油を貯蔵するためのタンク
貯油能力:38,369千kℓ
（2014年3月末現在）

精　製
● 石油製品を生産するための設備
製油所数:23ヵ所
精製能力:62万kℓ／日
　（392万バレル／日）
（2016年2月末現在）

● 石油製品を配送するためのタンクと輸送手段
油槽所／貯油能力:11,388千kℓ（燃料油）
　　　　　 タンク基数:3,351基（燃料油）
　　　　　 （2014年3月末現在）
内航タンカー　:581隻（2015年3月末）
タンク車　　　:1,460両（2015年3月末）
タンクローリー:7,110台（2014年3月末）

製品貯蔵・備蓄
● 石油製品（半製品を含む）を
貯蔵するためのタンク
貯油能力:44,974千kℓ
（2014年3月末現在）

輸　送

販　売
● SS（サービスステーション）
33,510ヵ所（含・可搬式）
（2015年3月末現在）

出所：石油連盟ホームページより掲載。

第 2 章　エネルギー会社の株価の見方

算されます。

　サービスステーションの運営主体は、特約店（石油会社と販売契約を締結する石油販売業者）などさまざまです。JXホールディングス（5020）の場合、JXエネルギーが直接運営している社有サービスステーション数は 2,375 ヵ所（2015 年度末）です。JX グループのサービスステーション数 10,548 ヵ所（同）に対して、社有比率は 23％です。

　全国のサービスステーション数は減少しています。10 年前の 2005 年度末のサービスステーション数は 47,584 ヵ所でしたので、2015 年度末よりも 15,251 ヵ所減少（2005 年度末比 32％減少）しました。サービスステーション数が減少している主な要因は、石油製品の販売量の減少や後継者問題などがあります。地域によっては、サービスステーション数が不足する事態もみられています。

石油会社の石油製品の販売シェア

　2015 年度の石油製品（燃料油）の国内向け販売量の合計は、約 1.8 億 KL（キロリットル）です。**図 2−9** は、石油製品の製品別の内訳を示しています。石油元売会社の利益の観点から重要な石油製品は、ガソリン、軽油、灯油です。これらの石油製品の構成比は、ガソリン 29％、軽油 19％、灯油 9％です。なお、石油化学向けの原料であるナフサの構成比は 26％です。

　図 2−10 は、石油会社の 2015 年度の石油製品シェアを示しています。主な石油元売会社の販売シェアは、JX エネルギー 33％、東燃ゼネラル石油 16％、出光興産 15％、昭和シェル石油 15％、コスモ石油 14％です。

49

よくわかるエネルギー株

図2-9 石油製品の製品別内訳

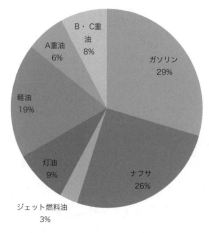

出所：経済産業省の資料に基づきMUMSS作成。
注：2015年度。

図2-10 石油製品の販売シェア

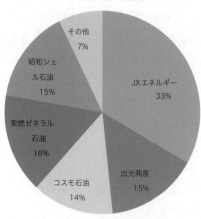

出所：平成28年石油資料（石油通信社）のデータに基づきMUMSS作成。
注：2015年度。

(2) 石油会社の株価の見方

　一般的に、石油会社では経常利益の変動が注目されます。そして、石油会社は、石油製品の精製・販売事業の他に、さまざまな事業を展開しています。この事業ポートフォリオの違いが、石油会社の特徴になっています。配当金などの株主還元政策も注目点です。

石油精製事業では石油製品スプレッドとコスト削減に注目

　石油精製・販売事業で重要な要素は、石油製品スプレッドとコスト削減の動向です。

　石油製品スプレッドとは、石油製品の販売価格から原油価格を差し引いたもので、石油製品の利幅（利益の大きさ）を示しています。一般的には、石油製品スプレッドは、石油製品1㌔当たりの単位で示され、多くの石油会社の決算説明会資料に掲載されています。

　例えば、石油会社からサービスステーションへのガソリンの卸価格を1㌔当たり100円とします。このガソリンの原料となる原油の輸入価格を1㌔当たり90円とすると、ガソリンのスプレッド（利幅）は、1㌔当たり10円となります。なお、この石油製品スプレッドは、原料費のみを差し引いていますので、製油所での精製コストや輸送コストは差し引かれていません。

　石油製品スプレッドの変動は、石油精製・販売事業の経常利益に影響しています。石油製品スプレッドの拡大は増益要因ですし、石油製品スプレッドの縮小は減益要因です。石油製品スプレッドの主な変動要因は、国内の石油製品の需給バランスの変化や原油価格の変動などが考えられています。例えば、冬の気温が通常よりも寒ければ、灯油の需要量が通常よりも増加し、灯油の需給がタイト化し、灯油の価格が上昇して、スプレッドが改善すること

があります。

　石油製品スプレッドの変動は、石油業界の動向です。これに対して、石油会社別では、石油精製・販売事業のコスト削減の成果が注目されます。石油各社は、競争力を上げるために、費用削減や効率を努力しています。石油会社がどのようなコスト削減に取り組んでいるかが注目されます。

事業ポートフォリオの違いに注目

　石油会社が石油精製・販売事業以外に、どのような事業を行っているかを決算短信や有価証券報告書のセグメント情報で確認することも重要です。例えば、JXホールディングスは、銅鉱山から銅精錬、電子材料や金属加工事業などの金属事業を行っています。また、出光興産は、豪州などで石炭鉱山を展開しています。それぞれの事業の経常利益の変動は、他の石油会社と異なる動きになり、株価の動きにも違いが出てきます。

在庫の影響

　石油精製・販売事業の経常利益には、在庫の影響が含まれています。石油会社の経常利益を見る場合には、在庫の影響を除く調整後経常利益を調べて、実力ベースの経常利益を把握することが役立ちます。

　原油の輸入価格の変動によって、在庫の影響の金額が変わります。例えば、原油価格が上昇すると、在庫の影響は差益となります。反対に、原油価格が下落する局面では、在庫の影響は経常利益の差損になります。

　会計の仕組みの話になりますが、在庫の影響とは、石油精製販売事業が採用している総平均法による在庫の影響と、棚卸資産の簿価切り下げによる影響額の二つがあります。結論だけ紹介する

と、在庫の影響は、会計の仕組みによる影響であり、会社のキャッシュフロー（現金の出入り）に影響はありません。このため、石油会社の実力の経常利益を知るためには、在庫の影響を除く調整後経常利益の数字を見ることが、重要になります。在庫の影響を除く調整後経常利益は、石油会社の決算短信または決算説明会資料に載っています。

例えば、**図2-11**に示すように、JXホールディングスの2015年度（2016／3期）の経常損失は86億円と赤字です。しかし、2015年度の在庫の影響は、2,695億円の差損になっています。このため、在庫の影響を除く調整後経常利益は2,609億円（＝経常損失86億円＋在庫の影響2,695億円）と計算されます。

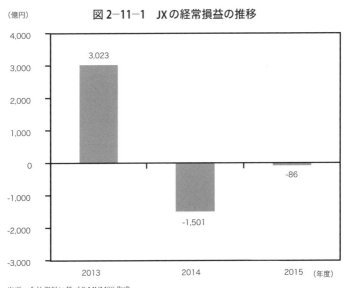

図2-11-1　JXの経常損益の推移

出所：会社資料に基づきMUMSS作成。

図2−11−2 JXの調整後経常利益の推移

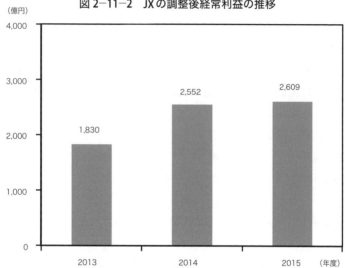

出所:会社資料に基づきMUMSS作成。
注:調整後経常利益は在庫の影響を除く。

6. LPガス会社の株価の見方

LPガス会社の主な事業は、LPガスの卸売や小売です。主な会社は、岩谷産業(8088)、伊藤忠エネクス(8133)、日本瓦斯(ニチガス)(8174)です。

(1) LPガス会社の事業概要
LPガスの特性

LPガスは、液化石油ガスのことで、プロパンやブタンがあります。

LPガスの特性は、小さい圧力で液化するので、ボンベによる

運搬が容易なことです。LPガスが気体から液体に変化すると、体積は250分の1に縮小します。LPガスは、液体の状態でLPガス容器に充塡され、家庭や工場などの需要家に運搬されます。LPガスの供給エリアは、国土面積の約95%、2016年3月末のLPガスを使用している世帯数は約2,400万世帯です。

LPガスの用途

LPガスの国内需要量は1,439万t（トン）（2014年度）です。LPガスの用途別の構成比は、家庭・業務用44%、工業用21%、都市ガス用8%、自動車用7%、化学原料用19%、電力用1%です。

家庭業務向けは、一般的な家庭のようにガスコンロや給湯器、暖房などに使われています。都市ガス向けでは、LNG受入基地などで都市ガスの熱量を上げるために、天然ガスにLPガスも混ぜることに使っています。工業向けは、工場の加熱やボイラーの燃料に使われます。自動車向けでは、タクシーなどLPガス自動車の燃料になっています。化学原料向けでは、エチレンやプロピレンなどの化学製品の原料として使用されています。

LPガス会社の種類

LPガス会社を流通段階で分けると、元売業者、卸売業者、小売業者の3種類に分けられます（**図2-12参照**）。日本LPガス協会によると、2016年3月末の会社数は、元売業者が12社、卸売業者が約1,100社、小売業者が約20,000社です。

元売業者は、LPガスを海外から輸入、または製油所でLPガスを生産して、卸売業者に供給します。製油所では、原油を熱分解すると、ガソリンなどとともに、LPガスも生産されています。

日本のLPガス輸入価格に大きな影響を与えていると言われているのが、サウジアラビアの国営石油会社のサウジアラムコが決

めているLPガスのCP価格です。CPとは、『Contract Price』のことです。最近では、米国からのLPガスの輸入が増えている点は注目されます。

卸売業者は、石油元売業者からLPガスを調達し、小売事業者に供給しています。LPガスは、内航船やタンクローリーによって、各地の充填基地や小売事業者に輸送されています。

小売事業者は、元売業者や卸売業者からLPガスを調達し、家庭や工場などの需要家に販売をしています。一般家庭には、LPガスのボンベによって、運ばれています。

図2-12　LPガスのサプライチェーン

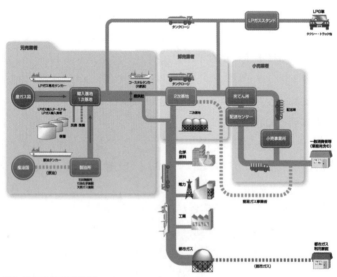

出所：日本LPガス団体協議会。

第2章　エネルギー会社の株価の見方

(2) LPガス会社の株価の見方

LPガス会社の主な事業はLPガス販売事業です。一方で、LPガス会社の事業ポートフォリオは、さまざまです。業績を見るうえでは、まず、この2点に注目しましょう。そして、配当金などの株主還元政策にも注目です。

LPガス販売量の増加

LPガス会社の利益成長のためには、LPガスの販売量を増加させることやLPガスの小売（需要家への直売）を増やすことが鍵になっています。LPガス全体の販売量は頭打ちですので、LPガス販売量を増加させるためには、販売シェア拡大が必要です。販売シェアを拡大するためには、競合相手よりも、安いLPガスを提供するか、サービスなどの付加価値で勝負する必要があります。

LPガス会社の事業ポートフォリオはさまざま

LPガス会社の事業ポートフォリオはさまざまです。LPガス事業以外の事業の経常利益を大きく左右する場合もありますので、LPガス各社のセグメント情報をチェックしてください。

例えば、岩谷産業は、産業ガス事業（窒素や水素などを工場に供給）も主力事業です。伊藤忠エネクスは、サービスステーションの経営、発電所を保有し、発電事業も行っています。日本瓦斯（ニチガス）は都市ガス事業も行っています。

LPガス事業の利益は冬期に集中

LPガス事業の利益は冬期に集中しています。冬は暖房向けのLPガス需要がありますので、LPガスの需要は冬がピークになるためです。このため、3月期決算のLPガス会社ですと、下期（10〜翌年3月）の利益が多くなり、上期（4〜9月）の利益は小さく

57

よくわかるエネルギー株

なる傾向があります。LPガス会社の上期（4〜9月）の利益が小さくても、勝負は冬のある下期ですので、ご注意ください。

第 3 章

情報の集め方

第3章　情報の集め方

　第3章では、エネルギー株の情報の集め方について紹介します。『会社のホームページ』、『日本政府の官庁のホームページ』、『業界団体のホームページ』、『マスコミ情報』の順に解説していきます。

1. 会社のホームページ

　会社のホームページにある株主・投資家向けのIR情報のページを活用しましょう。IRは、『Investor Relations』の略称です。IR情報には、以下のような内容が載っています。

(1) 会社の概要をつかもう

　会社の概要について調べたい場合には、アニュアルレポートが便利です。アニュアルレポートは、株主・投資家向けの年次報告書で、事業概要、経営戦略、業績の動向について載っています。

(2) 会社の経営方針について知ろう

　会社の経営方針を知るために、社長メッセージや経営戦略のページを見ましょう。企業理念や経営戦略が載っています。そして、中期経営計画を見て、自己資本純利益率（ROE）などの財務目標の数値や目標達成のための施策をチェックしてください。配当金などの株主還元政策についても必ず見ておきましょう。

(3) 業績をチェックしよう

　業績については、決算短信や有価証券報告書を見てみましょう。

61

よくわかるエネルギー株

アナリスト向け決算説明会の資料は、グラフが入っており、決算短信の理解に役立ちます。

ファクトブックを載せているホームページもあります。ファクトブックには、過去の売上高や純利益といった決算や製品の販売量が載っています。過去のトレンドを調べることは、将来予想に役立ちます。

(4) プレスリリース (会社発表)

最近の会社の動きを知るうえで、プレスリリース（会社発表）が重要です。決算に関するプレスリリースだけでなく、事業に関するプレスリリースで、将来の会社の業績に大きな影響を与えるものもあります。例えば、新製品の発表、事業提携の発表があります。また、事故など利益にマイナスとなるニュースが発表される場合もあります。

(5) ケーススタディ：東京ガスのホームページ

実際に、東京ガス(9531)のホームページを見てみましょう(2017年2月現在のホームページの内容です)。

東京ガスのホームページのトップページをみると、画面の右上に「企業・IR情報」のボタンがあります。この企業・IR情報をクリックすると、会社案内や株主・投資家向け情報などのボタンが出てきます。

株主・投資家向けページ

『株主・投資家向け情報』のボタンをクリックすると、『株主・投資家の皆さまへ』というページが表示されます（**図3−1参照**）。このページの前半には、最新情報の一覧表があり、後半にメイン

カテゴリーがあります。メインカテゴリーには、経営戦略・ビジョン、コーポレートガバナンス、財務・業績情報、IRイベント、IRライブラリー、株式・社債情報があります。

アニュアルレポートを活用しよう

　東京ガスの概要を知るためには、『IRライブラリー』にあるアニュアルレポートがお勧めです。アニュアルレポートは、毎年発行されています。アニュアルレポートには、東京ガスの基本情報から、経営者の考え、成長戦略、注力事業の説明が載っています。

経営戦略「チャレンジ2020ビジョン」

　『経営戦略・ビジョン』のページには、東京ガスの経営理念、社長メッセージ、経営戦略「チャレンジ2020ビジョン」について、紹介されています。「チャレンジ2020ビジョン」は、東京ガスの中長期的な経営計画であり、2020年に向けた事業戦略や、2020年の姿としての財務指標や株主還元性向が載っています。

決算

　決算を知るためには、『財務・業績情報』のページに業績ハイライトなどが載っています。また、『IRライブラリー』には、決算短信や有価証券報告書が載っています。『IRイベント』のページでは、決算説明会のプレゼンテーション資料を見ることができます。

個人投資家向けのホームページ

　東京ガスは、個人投資家向けのホームページを用意しています。個人投資家向け説明会の開催情報やビデオによる会社説明、原料費調整制度に関する解説などが載っており、便利です。

よくわかるエネルギー株

図3-1　東京ガスのホームページの株主・投資家向け情報ページ

出所：東京ガスホームページより掲載。

第 3 章 情報の集め方

2. エネルギー関連の役立つ日本政府ホームページ

日本政府の官庁ホームページに、エネルギー統計が載っていて、便利です（表3-1，表3-2参照）。

資源エネルギー庁

資源エネルギー庁は、経済産業省の外局です。資源エネルギー庁のホームページには、エネルギーに関する統計が載っています。例えば、ガソリンなどの石油製品の小売価格については、週次のデータが載っています。また、『電力調査統計』では、月次の電力需要や発電の動向が分かります。『ガス事業生産動態統計』では、月次の都市ガスの販売動向が載っています。『総合エネルギー統計』は、年間の日本のエネルギー全体の動向を知ることができます。

そして、資源エネルギー庁のホームページでは、『エネルギー白書』を見ることができます。エネルギー白書は、毎年発行されていて、日本と世界のエネルギー動向について紹介していますので、エネルギー業界全体を知るためには、とても便利です。

また、エネルギー政策のページには、日本政府の『エネルギー基本計画』の概要が載っています。エネルギー基本計画は、日本政府のエネルギー政策の中心となるもので、数年に1度、改定されています。日本政府の今のエネルギー政策の方向性を知ることができます。

経済産業省

経済産業省のホームページにも、エネルギーに関する統計があります。例えば、『石油統計速報』は、月次ベースの原油輸入量、

65

石油製品の生産量、販売量、在庫量、輸入量、輸出量が載っています。また、経済産業省の生産動態統計調査のなかには、『資源・エネルギー統計』があり、原油や石油製品の国内統計の確報値が載っています。

電力・ガス取引監視等委員会は、電力・ガス・熱供給の自由化に関して、市場を監視する機能を持つ経済産業大臣直属の組織です。電力・ガス取引監視等委員会のホームページでは、電力と都市ガスの小売全面自由化に関する解説が載っています。

環境省

環境省のホームページもエネルギー会社にとって、参考になります。特に、地球温暖化対策に関するページでは、日本の温室効果ガス排出量のデータが載っており、世界および日本の地球温暖化対策の取り組みについて知ることができます。

原子力規制委員会

原子力規制委員会のホームページでは、原子力発電所の安全審査に関わる情報が載っています。なお、原子力規制委員会は、環境省の外局組織です。ただし、原子力規制委員会は、いわゆる3条委員会で、独立性の高い委員会です。3条委員会とは、国家行政組織法第3条第2項に規定されている委員会で、上級機関（原子力規制委員会の場合は環境省）から指揮監督を受けず、独立して権限を行使することが保障されている合議制の機関です。

電力広域的運営推進機関（OCCTO）

電力広域的運営推進機関（OCCTO）は、電源の広域的な活用

第 3 章　情報の集め方

に必要な送配電網の整備を進め、全国の平常時・緊急時の需給調整機能を強化することを目的に設立されました。電力広域的運営推進機関のホームページでは、送配電線に関する情報が載っています。

表 3-1　エネルギーに関連した主な官庁のホームページ

官庁	ホームページアドレス
資源エネルギー庁	http://www.enecho.meti.go.jp/
経済産業省	http://www.meti.go.jp/
電力・ガス取引監視等委員会	http://www.emsc.meti.go.jp/
電力広域的運営推進機関	https://www.occto.or.jp/
環境省	http://www.env.go.jp/
原子力規制委員会	http://www.nsr.go.jp/

出所：MUMSS 作成

表 3-2　政府の主なエネルギー関連統計

官庁	統計	周期
資源エネルギー庁	総合エネルギー統計	年
	石油製品価格調査	週 / 月
	電力調査統計	月
	ガス事業生産動態統計調査	月
経済産業省	石油統計速報	月
	資源・エネルギー統計	月
	スポット LNG 価格調査	月

(出所) MUMSS 作成

3. エネルギー関連の役立つホームページ

エネルギー関連の役立つホームページもいろいろとあります（表 3-3 参照）。

よくわかるエネルギー株

　最初に、業界団体のホームページを紹介します。それぞれの業界の解説や統計が載っています。

　電気事業連合会：電力会社の業界団体です。電気事業連合会のホームページには、電力事業の仕組みが紹介されており、発電や送配電の仕組みが学べます。また、情報ライブラリーのページでは、2015年3月までの電力需要統計が載っています。

　日本ガス協会：都市ガス会社の業界団体です。日本ガス協会のホームページでは、都市ガス事業の現況や都市ガス業界の取り組みなどを知ることができます。また、全国の都市ガス販売量の統計も載ってます。

　石油連盟：石油精製・元売会社の業界団体です。石油精製・元売会社とは、原油の輸入・精製、石油製品の全国的な販売を行っている企業を意味しています。石油連盟のホームページでは、『今日の石油産業データ集』という冊子があり、石油業界の概要について解説してあります。また、統計資料のページでは、原油や石油製品、LPガス、製油所の装置能力についての統計データが載っています。

　石油鉱業連盟：原油・天然ガスの探鉱・開発・生産に係る事業を行っている企業の業界団体です。石油鉱業連盟のホームページでは、石油・天然ガス開発の流れが、分かりやすく解説されています。

　日本LPガス協会：LPガスの輸入、生産事業者等による業界団体です。日本LPガス協会のホームページでは、LPガスの概要、LPガスの特徴、LPガス事業の現在などについて知ることができます。また、統計資料のページでは、LPガスの価格データ（輸入価格，卸売価格，小売価格）や需要量などの数量データが載っ

ています。

　次に、業界団体以外で、エネルギー関連の役立つホームページについても紹介します。

　日本卸電力取引所（JEPX）：電力卸電力取引所での電力のスポット価格を調べることができます。

　日本エネルギー経済研究所：エネルギー関連のシンクタンクです。日本エネルギー経済研究所のホームページでは、国内外のエネルギー関連の情報や分析が載っていて、無料で公開されているものもあります。

　石油情報センター：日本エネルギー経済研究所の附置機関です。石油情報センターのホームページでは、石油製品の価格情報やサービスステーション（ガソリンスタンド）など石油流通に関する情報が載っています。

　石油天然ガス・金属鉱物資源機構（JOGMEC）：エネルギー資源や金属資源に関する独立行政法人です。JOGMECのホームペー

表3-3　エネルギー関連の役立つホームページ一覧

団体	HPアドレス
電気事業連合会	http://www.fepc.or.jp/index.html
日本ガス協会	http://www.gas.or.jp/
石油連盟	http://www.paj.gr.jp/
石油鉱業連盟	http://www.sekkoren.jp/
日本LPガス協会	http://www.j-lpgas.gr.jp/
日本卸電力取引所	http://www.jepx.org/
日本エネルギー経済研究所	http://eneken.ieej.or.jp/
石油情報センター	http://oil-info.ieej.or.jp/
石油天然ガス・金属鉱物資源機構	http://www.jogmec.go.jp/
海外電力調査会	https://www.jepic.or.jp/

出所：MUMSS作成。

よくわかるエネルギー株

ジでは、国内外のエネルギーおよび金属の資源開発に関する情報を得ることができます。石油・天然ガス用語辞典のページは、最新情報も更新されており、特に便利です。

海外電力調査会：海外の電気事業の動きが載っています。日本の電力ガスの小売全面自由化が進むなかで、海外の事例が参考になります。

4. マスコミ情報

会社四季報と日経会社情報

会社の概要をつかむために、会社四季報（東洋経済新報社）と日経会社情報（日本経済新聞社）が便利です。会社の特色や業績の動向、株主構成、業績予想、株価の推移などがコンパクトに掲載されています。発行タイミングは四半期（3ヵ月ごと）です。

日々のエネルギー価格

原油価格やガソリンなどの石油製品価格の日々の情報は、日本経済新聞の商品市況欄に載っています。主要相場の欄には、ドバイ原油価格、ガソリン、灯油、軽油、A重油、C重油、ナフサの日々の価格が載っています。また、アジア市況の欄には、シンガポールでのナフサ、ガソリン、ケロシン、ガスオイルの日々の価格が載っています。記事には、原油や石油製品の市況の解説が載ることがあります。

第４章

エネルギー業界のトピックス

第4章　エネルギー業界のトピックス

第4章では、最近のエネルギー業界のトピックスについて、解説します。

1. 電力・ガスのシステム改革

日本のエネルギー政策では、電力・ガスのシステム改革が注目されます（**表4-1参照**）。電力・ガスのシステム改革は、電力・ガス会社にとって、リスクとチャンスの両面の特徴があります。

電力と都市ガスの小売全面自由化

電力・ガスのシステム改革の中核は、電力小売全面自由化（2016年4月実施）と都市ガスの小売全面自由化（2017年4月実施予定）です。電力と都市ガスの分野で、小口需要家（主に家庭向け）の規制が撤廃され、全ての需要家の小売の自由化が実現しました。

これまで、規制に守られてきた電力会社からみると、新規参入者による競争激化は、販売シェアの低下であり、販売価格の低下のリスクとなります。このため、それぞれの電力・ガス会社での競争状況が注目されます。

一方で、既存の電力・ガス会社がシステム改革をチャンスとすることもできるでしょう。例えば、電力会社が、電気と都市ガスをセット販売することや、他の地域で、電気や都市ガスを販売することも可能です。エネルギーではないサービスを付加価値としてつけて、販売できるかもしれません。自由な世界で、電力・ガス会社の個性がでてくれば、株価の動きも各社で違ってくるでしょう。

73

よくわかるエネルギー株

送配電部門と都市ガス導管部門

電力・ガスのシステム改革では、送配電部門とガス導管（パイプライン）部門の法的分離が 2020 年以降に予定されています。これは、新規参入者も、公平に送配電設備やガス導管を使用できるようにするための措置です。送配電事業とガス導管事業への日本政府の規制は継続しますので、設備使用料（託送料）は、従来通りに総括原価主義で決まります。

法的分離だけでは、送配電事業とガス導管事業は、別会社化する義務はありませんので、このままでは、電力会社も都市ガス会社も会社形態は変わりません。日本政府の規制が残っていますので、送配電事業とガス導管事業の業績は安定的と考えられ、電力・ガス会社での重要な事業として注目度合が上がっていく可能性が高いです。

表 4-1　電力・ガスのシステム改革の流れ

2016 年 4 月	電力小売全面自由化
2017 年 4 月	都市ガス小売全面自由化
2020 年（予定）	電力会社の送配電部門が法的分離
2022 年（予定）	都市ガス会社の導管部門が法的分離

出所：資源エネルギー庁の資料に基づき MUMSS 作成。

2. エネルギー基本計画

エネルギー政策の中心

日本政府のエネルギー政策の中心になっているのは、エネルギー基本計画です。エネルギー基本計画を見て、日本のエネルギー政策の目指す方向性を理解できれば、日本政府による規制や補助

金の予想に役立ち、株式市場のテーマになる可能性もあります。資源エネルギー庁のホームページで見ることができ、数年に1度改正されています。

　現在のエネルギー基本計画は、2014年4月11日に閣議決定されました。東日本大震災後のエネルギー情勢の変化を踏まえた内容となっています。エネルギー基本計画では、日本政府の政治スタンスによって、方向性が大きく変化するエネルギーの記述が注目されます。例えば、原子力発電の位置付けは、安全性の確保を大前提に、エネルギー需給構造の安定性に寄与する重要なベースロード電源であるとしています。

長期エネルギー需給見通し

　このエネルギー基本計画に基づき、資源エネルギー庁は、長期エネルギー需給見通し（2015年7月16日発表）を発表しています。日本のエネルギー政策を数値目標で把握するときに、有用な資料です。

　この長期エネルギー需給見通しでは、2030年度の電力需要量は9,808億kWh（キロワ時）（2013年度実績9,666億kWh）の予想です。経済成長による電力需要増加が見込まれる一方で、省エネによる電力削減量を1,961億kWhとしています。ここで、日本エネルギー政策のキーワードの一つが、省エネであることが分かります。

2030年度の電源構成の見通し

　長期エネルギー需給見通しでは、2030年度の電力需要をまかなう発電のエネルギー別の内訳（電源構成）を示しています（図4

よくわかるエネルギー株

-1 参照）。2030年度の電源構成は、再生可能エネルギー発電22
～24％、原子力22～20％、LNG（天然ガス）27％、石炭26％、
石油3％の見通しとなっています。

　この再生可能エネルギー発電の構成比（合計22～24％）内訳は、
水力8.8～9.2％、太陽光7.0％、風力1.7％、バイオマス3.7～4.6％、
地熱1.0～1.1％です。

2014年度の電源構成

　なお、2014年度実績の電源構成は、再生可能エネルギー発電
13％（水力発電を含む）、原子力0％（原子力発電所の稼働なし）、
LNG（天然ガス）46％、石炭30％、石油11％でした。2014年度は、
原子力発電所が稼働していなかったので、石油火力や天然ガス火
力の比率が高かったのが特徴です。

3. 地球温暖化政策

　地球温暖化問題は、エネルギー政策にとって非常に重要な課
題です。化石燃料などを燃焼させると発生する二酸化炭素を削
減するためには、エネルギー消費量の減少（省エネ）やエネルギー
構成を変化させていく必要があります。そして、地球温暖化政
策は、国によって、政治情勢によって、変化していきます。株
式市場でも、地球温暖化政策は、大きなテーマであり続けるで
しょう。

日本の温室効果ガス排出量

　図4-2 は、日本の温室効果ガス排出量の推移を示しています。

第 4 章　エネルギー業界のトピックス

図 4−1−1　2030 年度の電源構成

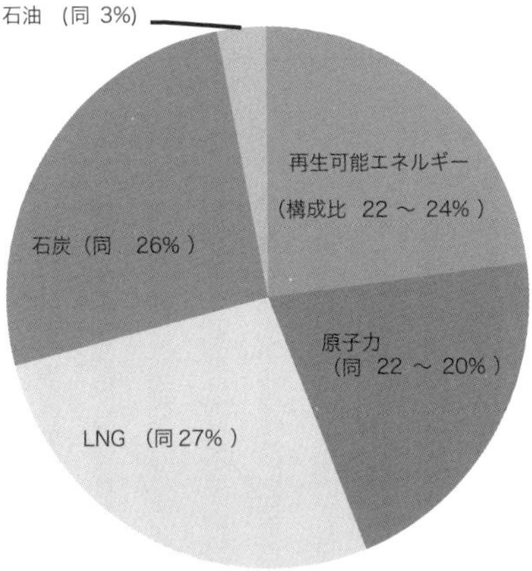

石油（同 3%）
再生可能エネルギー（構成比 22～24%）
石炭（同 26%）
原子力（同 22～20%）
LNG（同 27%）

出所：資源エネルギー庁の資料に基づき MUMSS 作成。
注：長期エネルギー需給見通し（2015 年 7 月）。

図表 4−1−2　2030 年度の再生可能エネルギーの内訳

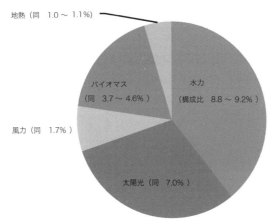

地熱（同 1.0～1.1%）
バイオマス（同 3.7～4.6%）
水力（構成比 8.8～9.2%）
風力（同 1.7%）
太陽光（同 7.0%）

出所：資源エネルギー庁の資料に基づき MUMSS 作成。
注：長期エネルギー需給見通し（2015 年 7 月）。

よくわかるエネルギー株

図4−2　日本の温室効果ガス排出量の推移

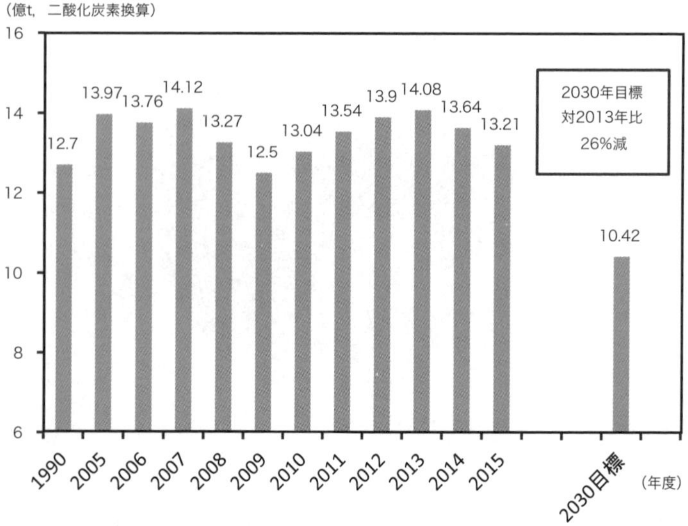

（億t、二酸化炭素換算）

出所：環境省の資料に基づきMUMSS作成。
注：2015年度は速報値、目標は地球温暖化対策計画（2016年5月閣議決定）。

2015年度の日本の温室効果ガス排出量は13.21億t（トン）でした（速報値）。温室効果ガス排出量の多くはエネルギー起源の二酸化炭素（CO_2）です。2015年度のエネルギー起源のCO_2排出量は11.48億tで、温室効果ガス排出量の87%を占めています。

地球温暖化対策計画

日本政府の地球温暖化対策計画は、2016年5月13日に閣議決定されました（環境省のホームページに掲載されています）。日本政府の温室効果ガス排出量の2030年度削減目標は、2013年度比26%減少です。2013年度の温室効果ガス排出量は14.08億t（二

酸化炭素換算）でしたので、2030年度目標の温室効果ガス排出量は10.42億tと試算されます。つまり、2030年度目標は、2015年度（速報値13.21億t）よりも、2.79億tの削減が必要になる計算です。

表4-2は、2013年度実績と2030年度のエネルギー起源CO_2排出量の削減目安を示しています。削減率が大きいのは、業務その他部門と家庭部門です。業務その他部門とは、例えば、ビルやショッピングモールなどの設備のことです。家庭部門は、一般家庭のことです。これらの部門が、CO_2排出量を減らすには、エネルギー消費量を減らす（省エネ）か、CO_2を排出しない発電方法による電気を使うなどの方法が考えられます。

運輸部門は、自動車や船舶、飛行機のことです。運輸部門では、ガソリンや軽油、船舶用燃料、ジェット燃料などの石油製品を消費しています。石油製品を燃焼させるエンジンでCO_2排出量を減らすには、燃費改善の努力が必要になります。もしくは、電気自動車にして、CO_2を排出しない発電方法による電気を使用し

表4-2　エネルギー起源CO_2排出量の削減目安

(百万トン，％)

	2013年度	2030年度		
	(実績)	(目安)	削減率	削減量
産業部門	429	401	▲ 7	▲ 28
業務その他部門	279	168	▲ 40	▲ 111
家庭部門	201	122	▲ 39	▲ 79
運輸部門	225	163	▲ 28	▲ 62
エネルギー転換部門	101	73	▲ 28	▲ 28
合計	1,236	927	▲ 25	▲ 309

出所：環境省の資料に基づきMUMSS作成。
注：▲はマイナス。

よくわかるエネルギー株

たり、同製造方法で作られた水素による燃料電池自動車に切り替えるという選択肢もあります。

地球温暖化対策税の税率が上がるリスク

2013年10月に地球温暖化対策のための税が導入されました（石油石炭税に上乗せする形式で徴税しています）。環境省によると、2016年4月時点の地球温暖化対策税の税率は、CO_2 排出量1t当たり289円として、石油、天然ガス、LPガス、石炭に課されています。ガソリンなどの石油製品で換算すると、1L（リットル）当たり0.76円です。

日本政府が、地球温暖化対策の強化を理由に、地球温暖化対策税の税率を上げる可能性は高いです。また、日本政府が新たに、CO_2 の排出量取引制度を活用してくることも考えられるでしょう。

電気事業の低炭素社会実行計画

電力業界は自主的に地球温暖化対策を進めています。電気事業における低炭素社会実行計画（2015年7月17日発表）の目標は、2030年度に排出係数0.37kg（キログラム）- CO_2 ／kWh（キロワット時）です。排出係数とは、電気事業の業界全体の CO_2 の排出量を電力需要量で割った電力需要1kWh当たり CO_2 排出量です。2030年度の排出係数目標値の前提条件は、2030年度の CO_2 排出量3.6億t、電力需要量9,808億kWhです。

電気事業低炭素社会協議会によると、2015年度の会員事業者の CO_2 排出実績（速報）は4.4億t（排出係数0.530kg- CO_2 ／kWh）です。

4. 再生可能エネルギー発電

　地球温暖化政策の観点から、再生可能エネルギー発電の普及が期待されます。再生可能エネルギー発電には、太陽光発電、風力発電、水力発電、地熱発電、バイオマス発電などがあります。再生可能エネルギーは、株式市場で注目されやすいテーマです。

(1) 再生可能エネルギーの固定価格買取制度(FIT制度)

　再生可能エネルギー発電にとって、大きな転換点は、2012年7月1日に固定価格買取制度（FIT制度）が導入されたことです。FIT制度は、再生可能エネルギーで発電した電気を、電力会社が一定価格で買い取ることを日本政府が約束する制度です。再生可能エネルギーの発電コストは割高であるため、経済合理性の観点からすると、再生可能エネルギー発電の普及は難しいです。このため、日本政府が、再生可能エネルギーで発電した電気を、一定価格で買い取ることを約束します。この買取コストは、賦課金という形で、電気料金に自動的に上乗せする仕組みになっています。

メガソーラー拡大に集中し

　FIT制度が導入された後、再生可能エネルギーの発電能力は急増しました。**図4-3** に示すように、稼働している再生可能エネルギー発電能力は、2012年度末177万kW（キ□ワ）→ 2014年度末1,876万kWに急増しました。しかし、増加した再生可能エネルギー発電は、太陽光発電、特にメガソーラーに偏りました。**図4-4** に示すように、2014年度末の再生可能エネルギーの発電能力のうち、太陽光発電の構成比は97%です。太陽光発電に偏った主な要因は、初期のFIT制度の買取価格の設定で太陽光発電が優遇

よくわかるエネルギー株

図4-3　再生可能エネルギー発電能力の推移

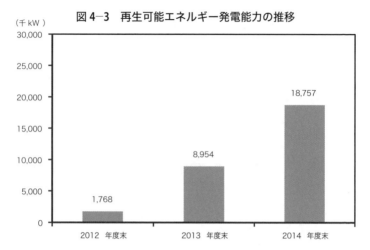

出所:「エネルギー・経済統計要覧2016」に基づきMUMSS作成。

図4-4　再生可能エネルギー発電能力の内訳

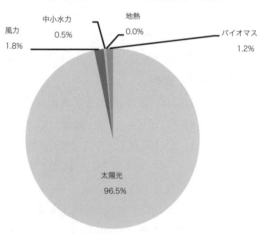

出所:「エネルギー・経済統計要覧2016」に基づきMUMSS作成。
注:2014年度末

されていたことが考えられます。日本政府は、FIT制度でのメガソーラー向けの買取価格の引き下げなどの対応をとっています。

(2) 再生可能エネルギー発電に関する今後の注目点

再生可能エネルギー発電に関する今後の注目点は、次の3点です。

再生可能エネルギー発電に対する政策の変化

第1に、日本政府の再生可能エネルギー発電に対する政策の変化です。前述したようにエネルギー基本計画は数年に1度は改定されますので、そのときどきに、重視する再生可能エネルギーの種類が変わる可能性があります。FIT制度の導入当初に政策的に優遇されたのは、メガソーラーでした。次に政策的に優遇される再生可能エネルギーが注目されます。

再生可能エネルギー発電コストの低下への期待

第2に、再生可能エネルギー発電コストの低下への期待です。再生可能エネルギー発電コストは割高であるために、FIT制度のような仕組みがないと、自律的には普及しません。しかし、さまざまな技術革新や工夫によって、建設コストや運営コストが低下していけば、FIT制度がなくても、再生可能エネルギー発電が普及する可能性があります。電力需要家にも経済メリットが感じられるような再生可能エネルギー発電のコスト低減が期待されます。

送配電設備の受け入れ能力の上限

第3に、送配電設備の再生可能エネルギー発電の受け入れ能力です。送配電事業では、電気を安定的に送るために、電力の需要と供給のバランスをとる必要があります。一方で、再生可能エネ

ルギー発電のうち、太陽光発電と風力は、短期的にも長期的にも、天候によって発電量が大きく左右されます。特に、メガソーラーなどの太陽光発電の発電能力は拡大したため、送配電にとって、太陽光発電の発電状況が大きな影響を受けるようになりました。このため、多くの地域の送配電事業では、太陽光発電と風力発電の受け入れの上限を定めています。

　この状況は、再生可能エネルギー発電事業と送配電事業の両方にとって、新しいビジネスチャンスとも言えます。再生可能エネルギー発電事業の新たな運営方法を探すために技術革新や工夫が求められています。例えば、FIT制度では、太陽光発電の出力制御装置の設置を条件にしている場合があります。

　そして、送配電事業でも、再生可能エネルギーによる電気をより多く受け入れるための技術革新や工夫が求められます。例えば、電力会社のなかでは、変電所に大型蓄電池を設置する実証試験を行っています。再生可能エネルギー発電から多くの電気が流れてくれば、大型蓄電池に貯める仕組みです。

5. 原子力発電

　原子力発電に関するトピックスは、日本政府の政策と深く関連しており、複雑です。以下では、株式市場の観点から当面の電力会社の業績に関連するテーマに絞って、紹介します。

(1) 電力会社の業績と原子力発電所

　原子力発電所の稼働は、電力会社の経常利益に大きな影響を与えます。原子力発電所の稼働率が上がり、原子力発電量が増加す

ると、一般的には、火力発電量を減らすことができます。原子力発電コストの方が火力発電コストよりも安いので、原子力発電量が増加して、火力発電量が減少する場合には、経常利益に増益要因となります。

　反対に、原子力発電所の稼働率が低下すると、火力発電量が増加して、経常利益の減益要因になります。東日本大震災後に、原子力発電所が停止していき（火力発電量が増加して）、多くの電力会社が経常損失の赤字に転落しました。

　一方で、原子力発電所の建設やメンテナンスに、多くの投資額や費用が必要になります。特に、東日本大震災後に、日本政府の原子力規制が厳しくなり、原子力発電所では安全対策工事が行われています。この投資や費用の回収は、原子力発電所が安定稼働することによって、実現されます。原子力発電所の稼働率が計画を下回る場合には、これらの投資や費用を回収できない事態が考えられます。また、原子力発電所が計画よりも早く廃炉となる場合も、投資や費用を回収できない可能性があります。

(2) 原子力発電所の安定稼働について不透明感が強い

　東日本大震災後の原子力発電所を取り巻く状況は一変し、原子力発電所の安定稼働について不透明感が強くなりました。このことについて、主に次の3点が注目されます。

原子力規制委員会の安全審査

　東日本大震災後は、原子力発電所の再稼働には、日本政府の原子力規制委員会（環境省の外局）の安全審査に合格する必要があります。そもそも、安全審査に合格するかどうかは、不透明です。安全審査にかかる期間も不透明です。そして、安全審査に合格す

よくわかるエネルギー株

るための安全対策工事が、経済合理性の観点から、合理的であるかどうかの判断も必要です。

原子力発電所の立地する地方自治体の理解

　原子力発電所は、全国に立地しています（**図4−5参照**）。原子

図4−5　原子力発電所の運転・建設状況

	基　数	認可出力 （万kW）
運　転　中	42	4,148.2
建　設　中	3	414.1
着工準備中	8	1,158.2

運転中（BWR）
運転中（PWR）
建設中
着工準備中

2016年9月末現在

北海道電力 泊（PWR）
No.1　No.2　No.3
57.9　57.9　91.2

電源開発（株）
大間原子力（ABWR）138.3

東北電力 東通原子力（BWR）
No.1　No.2
110.0　138.5

東京電力 東通原子力（ABWR）
138.5　138.5

東北電力 女川原子力（BWR）
No.1　No.2　No.3
52.4　82.5　82.5

東京電力 福島第一原子力（BWR）
＊1〜4号機は2012年4月19日で廃止
＊5,6号機は2014年1月31日で廃止

東京電力 福島第二原子力（BWR）
No.1　No.2　No.3　No.4
110.0　110.0　110.0　110.0

日本原子力発電 東海第二（BWR）
110.0

中部電力 浜岡原子力
（BWR）　（ABWR）
No.3　No.4　No.5　No.6
110.0　113.7　138.0　140.0
＊1,2号機は2009年1月30日運転終了

東京電力
柏崎刈羽原子力（BWR）
No.1　No.2　No.3　No.4　No.5　No.6（ABWR）No.7
110.0　110.0　110.0　110.0　110.0　135.6　135.6

北陸電力
志賀原子力（BWR）
No.1　No.2（ABWR）
54.0　120.6

日本原子力発電
敦賀（PWR）　（APWR）
＊1号機は2015年　No.2　No.3　No.4
4月27日で廃止　116.0　153.8　153.8

関西電力
美浜（PWR）
＊1,2号機は2015年　No.3
4月27日で廃止　82.6

関西電力 大飯（PWR）
No.1　No.2　No.3　No.4
117.5　117.5　118.0　118.0

関西電力 高浜（PWR）
No.1　No.2　No.3　No.4
82.6　82.6　87.0　87.0

九州電力
玄海原子力（PWR）
No.2　No.3　No.4
55.9　118.0　118.0
＊1号機は2015年4月27日で廃止

九州電力
川内原子力
（PWR）　（APWR）
No.1　No.2　No.3
89.0　89.0　159.0

中国電力
上関原子力（ABWR）
No.1　No.2
137.3　137.3

中国電力
島根原子力
（BWR）（ABWR）
No.1　No.2　No.3
82.0　137.3
＊1号機は2015年
4月30日で廃止

四国電力 伊方（PWR）
No.1　No.2　No.3
56.6　89.0
＊1号機は2016年5月10日で廃止

出所：電気事業連合会ホームページより掲載。

86

力発電所の運営には、立地している地方自治体からの理解が必要です。道県や市町村の長（知事，市長，町長，村長）は、選挙によって選ばれる場合が多いです。このため、そのときの道県や市町村の長の原子力発電に関する政治姿勢が重要になります。そして、選挙によって、地方自治体の長が交代し、原子力発電に関する政治姿勢が変化する場合も考えられます。

裁判所による原子力発電所に関する審議動向

多くの原子力発電所の運転差止訴訟があります。この裁判結果次第では、原子力発電所の稼働が停止する場合もあります。例えば、2016年3月9日に、大津地方裁判所(滋賀県)が関西電力(9503)の高浜原子力発電所3,4号機（福井県）に対して、再稼働禁止仮処分を決定し、関西電力は、同年3月10日に、稼働していた高浜原子力発電所3号機の原子炉を停止しました（同4号機は稼働していませんでした）。

6. 石油会社の再編

石油製品の国内需要量の減少などを背景に、石油会社の再編が進み、製油所の精製能力は削減されています。石油会社の数はかなり減少しましたが、地域ごとの事業提携など再編は形を変えて、さらに進むことが見込まれます。

石油会社の再編が進む

図4−6に示すように、2016年3月時点の主な石油会社は次の5社です。JXエネルギー（JXホールディングス（5020）の子会社）、東燃ゼネラル石油（5012）、出光興産（5019）、昭和シェル石

よくわかるエネルギー株

油(5002)、コスモ石油(コスモエネルギーホールディングス(5021)の子会社)。

2017年には、さらに石油会社の再編が進む見通しです。2017年4月に、JXホールディングスと東燃ゼネラル石油は経営統合する予定です。そして、2016年12月19日に、出光興産は、ロイヤル・ダッチ・シェルから昭和シェル石油の株式（31.3％議決比率）の取得を完了しました。出光興産と昭和シェル石油は、

図4-6 石油会社の再編と提携の流れ

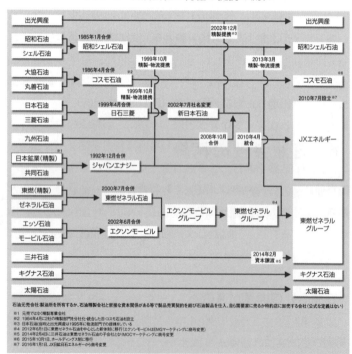

出所：石油連盟ホームページ「今日の石油産業2016」に基づきMUMSS作成（2016年3月現在）。

経営統合に向けた協議を継続する見通しです。ただし、出光興産の創業家が経営統合に反対姿勢を見せている点に注意が必要です。

製油所の精製能力の削減

図4-7に示すように、製油所の常圧蒸留装置（トッパー）の精製能力は1999年度末536万バレル／日から減少しています。図4-8に示すように、2016年11月末の製油所の数は22ヵ所、精製能力の合計は379万バレル／日です。

製油所の精製能力の減少の主な要因は、石油製品の国内需要量が減少トレンドにあることです。最近は、経済産業省がエネルギー供給構造高度化法を用いて、石油会社の設備最適化や事業再編を

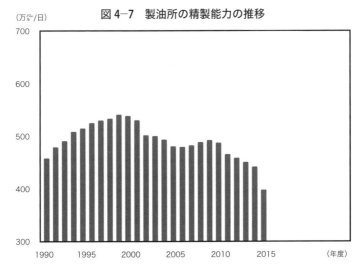

図4-7 製油所の精製能力の推移

出所：「エネルギー・経済統計要覧2016」に基づきMUMSS作成。

促しています。

石油製品の国内需給バランスが崩れることは、石油製品スプレッド（石油製品1L（リットル）当たりの粗利益）が悪化する要因になる可能性があります。国内の石油製品事業が安定した利益を確保できるかどうかの試金石が、再編後の石油会社の経営および製油所の精製能力の削減ペースに依存していると言えます。

図4-8 製油所の所在地

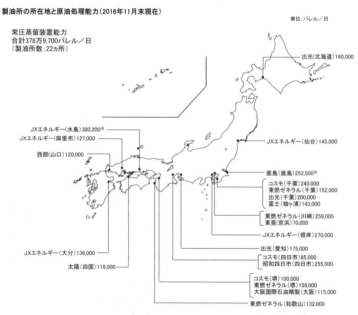

※鹿島（鹿島）、JXエネルギー（水島）の数字には、コンデンセートスプリッターの処理能力を含む

出所：石油連盟ホームページより掲載。

第4章 エネルギー業界のトピックス

7. エネルギー技術革新に注目

　エネルギー業界のトピックスの最後に、注目されるエネルギー
技術革新をいくつか紹介します。技術革新の成果がニュースにな
れば、株式市場のテーマになる可能性があります。エネルギーの
将来像を考えるヒントにもなりますので、エネルギー技術革新の
ニュースに注目する価値はあると思います。

水素社会の実現を目指す

　水素関連では、家庭向けエネファームなど定置用燃料電池や燃
料電池自動車（FCV）が販売されています。一般的に、これらの
燃料電池は、エネルギー効率が高い点で、地球温暖化対策に適し
ていると言われています。燃料電池自動車向けの水素ステーショ
ンの建設も進んでいます。

　しかしながら、家庭向けエネファームと燃料電池自動車の販売
価格は、自律的に普及できるほど安いとは言えない状況です。定
置用燃料電池も燃料電池自動車（FCV）も、さらなる技術革新や
コスト低減が期待されます。

水素・燃料電池戦略ロードマップの三つのステップ

　経済産業省は「水素・燃料電池戦略ロードマップ（改訂版）」を
2016年3月22日に発表しました（**図4−9参照**）。このロードマッ
プには、三つのフェーズが示されています。現在は、フェーズ1
（水素利用の飛躍的拡大）であり、定置用燃料電池や燃料電池自
動車（FCV）の普及を目指す段階です。2020年代後半には、フェー

91

よくわかるエネルギー株

ズ2（水素発電の本格導入や大規模な水素供給システムの確立）、
2040年頃には、フェーズ3（トータルでCO_2フリー水素供給シ
ステムの確立）が目指されています。

図4-9　水素・燃料電池戦略ロードマップ改訂版

フェーズ1　　水素利用の飛躍的拡大（現在〜）

↓

フェーズ2　　水素発電の本格導入等（2020年代後半に実現）

↓

フェーズ3　　CO_2フリー水素供給システムの確立（2040年頃に実現）

出所：経済産業省「水素・燃料電池戦略ロードマップ改訂版」（2016年3月22日発表）に基づき
MUMSS作成。

二酸化炭素の回収貯留（CCS）の技術開発

地球温暖化対策の観点から、二酸化炭素の回収貯留（CCS）の
技術開発が注目されます。CCSは、『Carbon dioxide Capture and
Storage』の略称で、火力発電所や工場の排気ガスなどから二酸化
炭素を分離・回収して、地中に貯留する技術です。

苫小牧CCS大規模実証試験

国内では、日本CCS調査株式会社（非上場）が、北海道の苫小
牧でCCS大規模実証試験（経済産業省委託事業）を行っています。
苫小牧CCS大規模実証試験では、2016年4月から、年間10万t(トン)
以上の二酸化炭素を海底の貯留槽に圧入しています。圧入した二
酸化炭素については、モニタリングを行っています。

メタンハイドレート

　メタンハイドレートとは、メタンを主成分とするシャーベット状の水和物です。メタンは天然ガスの1種ですので、燃料になります。日本周辺の海域には、メタンハイドレートがあると言われています。しかし、メタンハイドレートの商業生産を行う技術はありません。このため、日本政府は、メタンハイドレートの資源量調査や回収技術の開発を進めています。

第5章

主要銘柄を紹介

第 5 章の注意、資料について

注：証券コード順に会社を掲載。

表中の▲はマイナス。

資料：会社資料より作成。

第5章 主要銘柄を紹介

三井松島産業 (1518)

一言紹介

主な事業は、豪州にあるリデル炭鉱での石炭生産。インドネシアでは、開発中のGDM炭鉱に出資。飲食用資材等エネルギー以外の事業も利益を支える。今後の注目点は、石炭生産の自社権益炭拡大と新規事業の育成の先行き。

15年度事業セグメント

(単位:億円, %)

	売上高	(構成比)	営業利益	(構成比)
石炭販売	377	64	3	25
石炭生産	52	9	10	100
再生可能エネルギー	3	1	1	14
飲食用資材	39	7	4	44
衣料品	26	4	3	30
施設運営受託	62	11	1	8
不動産	3	1	1	11
港湾	5	1	0	4
その他	18	3	▲1	▲9
調整額	-	-	▲13	▲127
計	586	100	10	100

業績推移

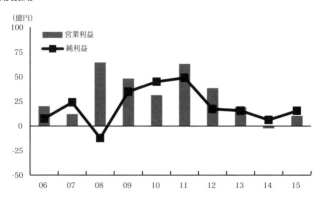

よくわかるエネルギー株

事業紹介

　2015年度決算の事業セグメント区分は九つでしたが、2016年度決算の事業セグメント区分は、エネルギー事業、生活関連事業、その他事業の三つに集約されました。以下では、2016年度の事業セグメント区分に基づき、事業概要を紹介します。

エネルギー事業

　エネルギー事業には、石炭販売分野、石炭生産分野、再生可能エネルギー分野があります。

　石炭販売分野では、海外石炭の輸入販売等を行っています。石炭の調達先は、豪州、インドネシア、中国、カナダ等です。

　石炭生産分野では、豪州のニューサウスウェールズ州にあるリデル炭鉱に出資しています（出資比率32.5%）。リデル炭鉱では、原料炭（製鉄向け原料等）および一般炭（発電用石炭等）を生産しています。

　インドネシアでは、開発中のGDM炭鉱に出資しています（出資比率30%）です。GDM炭鉱では、インドネシアでは初めての大規模な機械化採炭方式による坑内掘炭鉱を開発中で、将来的に坑内掘り生産量は年間約1,000万t（トン）を目指しています。

　再生可能エネルギー分野では、メガソーラー等再生可能エネルギー発電を行っています。

生活関連事業

　生活関連事業には、飲食用資材分野、衣料品分野、施設運営受託分野、介護分野が含まれています。

　飲食用資材分野では、大手乳業・飲料メーカー等向け伸縮スト

ローの製造販売等を行っています。

衣料品分野では、紳士服、婦人服、ワイシャツの企画・生産・販売等を行っています。

その他事業

その他事業には、不動産事業や港湾事業等があります。

15 年度業績について

2015 年度の営業利益は 10 億円でした。中心となる事業は石炭生産分野ですが、エネルギー以外の事業も営業利益を支えています。事業セグメント別の営業利益を見ると、もっとも営業利益が大きいのは石炭生産(営業利益 10 億円)で、2 番目が飲食用資材(同 4 億円) です。

経営方針

経営方針は、安定的な事業ポートフォリオの構築による持続的な成長・発展です。成長戦略は次の 2 点です。

・石炭生産分野における自社権益炭拡大と収益性拡大
・新規事業の育成による収益の安定化・多様化

よくわかるエネルギー株

国際石油開発帝石(INPEX)(1605)

一言紹介

主な事業は、油田やガス田を開発し、原油や天然ガスを生産すること。海外では、インドネシアやアラブ首長国連邦等で事業を展開。今後の注目点は、INPEXがオペレーターである豪州のイクシスLNGプロジェクトの建設動向。

15年度地域別セグメント

(単位:億円, %)

	売上高	(構成比)	営業利益	(構成比)
日本	1,096	11	121	3
アジア・オセアニア	3,029	30	972	25
ユーラシア	669	7	138	4
中東・アフリカ	5,165	51	2,909	75
米州	137	1	▲140	▲4
調整額	-	-	▲99	▲3
計	10,096	100	3,901	100

業績推移

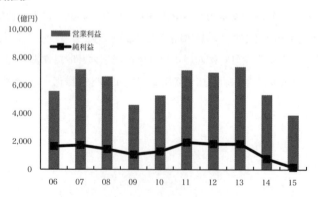

100

第 5 章　主要銘柄を紹介

事業紹介

　主な事業は、原油・天然ガスの開発・生産です。国内外で油田やガス田のプロジェクトを行っています。主なプロジェクトは、以下の通りです。

　最も重要なプロジェクトは、オーストラリアで開発中のイクシスLNGプロジェクトです。イクシスLNGプロジェクトへのINPEXの権益比率は62.245％（2016年3月末）であり、INPEXがオペレーターになっています。油ガス田のプロジェクトには、リスク分散の観点から、複数の会社が出資することが一般的です。この複数の会社のなかで、油ガス田の作業を実施・管理する運営主体をオペレーターと言います。

　イクシスLNGプロジェクトでは、主に天然ガスを生産し、液化設備でLNGにして、日本を含めたアジアに輸出するプロジェクトです。LNG生産量は年間約890万t（トン）（権益比率100％）の予定です。

　INPEXの主力の油ガス田の一つは、マレーシアにあるマハカム沖鉱区です。INPEXの権益比率は50％です（オペレーターはフランスのTOTAL社）。マハカム沖鉱区に関するマレーシア政府との生産分与契約（PS契約）の期限は2017年です。2018年以降にマハカム沖鉱区にINPEXがどのように関与するかが注目されます。

　国内の油ガス田の主力は、新潟県にある南長岡ガス田です。また、直江津LNG基地（新潟県）を保有し、新潟から東京や静岡とつながる都市ガスのパイプラインを保有しています。

原油と天然ガスの生産量

　2015年度の原油と天然ガスの生産量は合計51.4万バレル／日（原

油換算）です。生産量の内訳は、原油が 33.9 万㌫／日（構成比66％）、天然ガスが 17.5 万㌫／日（構成比 34％）です。

　第 2 章で紹介したように、原油と天然ガスの生産量の合計 51.4万㌫／日（原油換算）は 1 日当たりの生産量です。これを 1 年間(365日)当たりの生産量にすると、約 1.88 億㌫（原油換算）（= 51.4 万㌫×365 日）と計算されます。

原油と天然ガスの確認埋蔵量

　2015 年度末の原油と天然ガスの確認埋蔵量は合計 32.6 億㌫（原油換算）です。第 2 章で紹介したように、仮に、2015 年度の生産量（1 年間で約 1.88 億㌫）が今後も同水準で継続する場合には、確認埋蔵量の可採年数は約 17 年間(＝確認埋蔵量 32.6 億㌫÷年間生産量 1.9 億㌫)と計算できます。

15 年度業績について

　2015 年度の営業利益は 3,901 億円、純利益は 168 億円でした。一般的に、海外の産油国や産ガス国における油田やガス田への税率は高いため、税引き後の利益である純利益の数字も必ずチェックしてください。

　2015 年度の営業利益（3,901 億円）の地域別の内訳は、日本 121億円、アジア・オセアニア 972 億円、ユーラシア（欧州・NIS 諸国 138 億円）、中東・アフリカ 2,909 億円、米州▲140 億円（営業損失）、調整額▲99 億円（営業損失）でした。

　営業利益を地域別にみると、中東・アフリカの比率が最も高く、次に、アジア・オセアニアが高いことが分かります。ただし、各国の税率の違いが大きいため、純利益の地域別の構成比は分かり

第5章　主要銘柄を紹介

ません。

経営方針

　基本方針は、石油・天然ガス開発事業における持続的な成長を実現することにより、国際的な競争力を有する上流専業企業のトップクラスを目指すことです。そして、原油と天然ガスのネット生産量を2020年代前半に100万BOE／日（原油換算ﾊﾞﾚﾙ／日）に達成することを目標としています。

　INPEX中長期ビジョンでは、三つの成長目標は以下の通りです。

　　・上流事業の持続的拡大

　　・ガスサプライチェーンの強化

　　・再生可能エネルギーの取り組み強化

よくわかるエネルギー株

石油資源開発 (1662)

一言紹介

　国内外で原油・天然ガスの開発生産事業を行う。主なプロジェクトは、カナダのオイルサンド事業やイラクのガラフ油田等。中長期的に、LNG基地運営や電力事業等も行う総合エネルギー企業への転換を目指す。

15年度地域別セグメント

(単位：億円, %)

	売上高	(構成比)	営業利益	(構成比)
日本	2,284	95	250	300
北米	100	4	▲68	▲82
欧州	-	-	▲39	▲47
中東	19	1	45	54
その他	-	-	▲1	▲1
調整額	-	-	▲103	▲123
計	2,403	100	83	100

業績推移

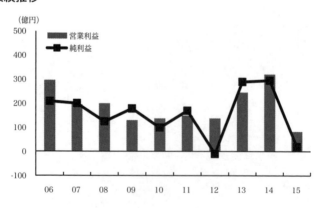

第 5 章　主要銘柄を紹介

事業紹介

　主な事業は、原油・天然ガスの開発生産事業です。国内外でガス田や油田の事業を行っています。主な事業プロジェクトは、以下の通りです。

　国内では、北海道や秋田県、新潟県等に油ガス田を保有しています。また、国内では、新潟から仙台までの都市ガスの幹線パイプラインの運営も行っています。2018 年 3 月完成予定で、相馬 LNG 基地を建設中です。また、相馬の火力発電事業を検討中です。

　海外の主なプロジェクトには、カナダのオイルサンド事業、イラクのガラフ油田、カナダのシェールガス上流事業があります。

生産量と確認埋蔵量

　2015 年度の原油と天然ガスの生産量は合計 7.4 万バレ／日（原油換算）です。生産量の製品別の内訳は、原油 4.0 万バレ／日、天然ガス 3.4 万バレ／日（原油換算）です。原油と天然ガスの 1 年間当たりの生産量を計算すると、約 2,701 万バレ（原油換算）（＝ 7.4 万バレ／日×365 日）となります。

　2015 年度末の原油と天然ガスの確認埋蔵量は合計 3.49 億バレ（原油換算）です。確認埋蔵量の地域別の内訳は、海外 2.55 億バレ（原油換算）、国内 0.94 億バレ（原油換算）です。

　2015 度末の確認埋蔵量の可採年数は、約 13 年間（＝確認埋蔵量約 3.49 億バレ÷1 年間の生産量約 2,701 万バレ）です。確認埋蔵量や可採年数の意味については、第 2 章を参照してください。

15 年度業績について

　2015 年度の営業利益は 83 億円でした。

105

よくわかるエネルギー株

地域別の営業利益は、日本 250 億円、北米▲68 億円（営業損失）、欧州▲39 億円（営業損失）、中東 45 億円、その他▲1 億円（営業損失）、調整額▲103 億円（営業損失）です。調整額には、一般管理費等の全社費用が含まれています。

経営方針

長期ビジョンでは、『石油・天然ガス E&P を軸とする総合エネルギー企業への転換』を目指しています。

E&P 事業とは、油田やガスでの原油や天然ガスの開発（Exploration）と生産（Production）のことです。

今後は、油田やガス田の事業だけでなく、天然ガスを LNG に液化するプロジェクトや都市ガスのパイプラインによる運搬、需要家への都市ガス供給や発電事業等の事業を展開する方針です。具体的には、カナダのオイルサンド拡張工事やカナダシェールの増産等を進めるとともに、国内では、福島県に相馬 LNG 基地を建設し、さらに相馬港天然ガス発電所（仮称）の建設が計画されています。

第5章 主要銘柄を紹介

K&Oエナジーグループ(1663)

一言紹介

千葉県を中心に、国内で天然ガスの開発生産と都市ガス供給を行う。天然ガス生産では、天然ガスが溶け込んだ地下水をくみ上げ、地上で天然ガスと水とかん水に分離。副産物として、ヨード生産を行う。

16年度事業セグメント

(単位：億円, %)

	売上高	(構成比)	営業利益	(構成比)
ガス事業	501	89	46	142
ヨード・かん水事業	39	7	13	40
その他	24	4	1	3
調整額	-	-	▲27	▲84
計	565	100	32	100

業績推移

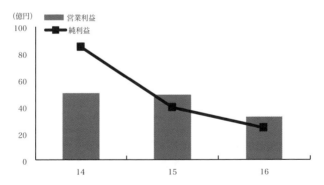

よくわかるエネルギー株

事業紹介

2014 年に関東天然瓦斯開発と大多喜ガスの完全親会社として、K&Oエナジーグループが設立されました。主な事業セグメントは、ガス事業、ヨード・かん水事業、その他事業の三つです。決算期は 12 月期です。

ガス事業

ガス事業では、千葉県で天然ガスの開発生産から都市ガスの供給まで行っています。

千葉県での天然ガスの開発生産では、天然ガスが溶け込んだ地下水（かん水）をくみ上げて、地上でかん水から天然ガスを分離しています。分離した天然ガスは都市ガスとして、千葉県内の需要家に販売しています。

関東天然瓦斯開発の千葉県での天然ガスの生産量は 1.7 億 m^3（立方㍍）です（2015 年度）。可採埋蔵量は約 1,000 億 m^3 ですので、2015 年度の生産量に基づく可採年数は約 588 年（＝可採埋蔵量 1,000 億 m^3 ÷年間生産量 1.7 億 m^3）と計算されます。

千葉県内の需要家への都市ガスの供給のために、千葉県での天然ガスの生産だけでなく、天然ガスの外部調達も行っています。

ヨード・かん水事業

ヨード・かん水事業では、主に、ヨードおよびヨード化合物を販売しています。ヨードは、天然ガス採取後のかん水から抽出されます。ヨードは、レントゲン造影剤や殺菌防カビ剤の原料になります。

第5章　主要銘柄を紹介

16 年度業績について

2016 年度（2016 年 12 月期）の営業利益は 32 億円でした。営業利益のうち、ガス事業の比率が高かったです。営業利益を事業セグメント別にみると、ガス事業 46 億円、ヨード・かん水事業 13 億円、その他事業 1 億円、調整額▲ 27 億円（営業損失）でした。

経営方針

グループ 10 年ビジョンの主な方針は、以下の通りです。

・競争力ある県産ガスの開発、効率的な導管網の整備、都市ガス事業の更なる強化を推進すること

・ヨードの生産者として、積極的な増産・拡販を図り、世界の需要拡大に応えること

目標とする 2025 年度の経営目標は、以下の通りです。

・経常利益 65 億円

・営業活動によるキャッシュフロー 90 億円

・ROA（総資本当期純利益率）4.5％以上

よくわかるエネルギー株

サーラコーポレーション(2734)

一言紹介

愛知県豊橋市が地盤。2016年7月にグループ再編を実施。事業は多岐にわたり、都市ガスや電力の供給、LPガス販売、不動産、カーライフサポート、アニマルヘルスケア等を行っている。中期経営計画では、既存事業の強化に取り組む。

15年度事業セグメント

(単位：億円, %)

	売上高	(構成比)	営業利益	(構成比)
ガス&パワー事業	120	8	▲13	▲49
エネルギーサプライ&ソリューション事業	484	32	24	94
エンジニアリング&メンテナンス事業	295	20	16	61
ハウジング事業	155	10	5	18
カーライフサポート事業	130	9	▲0	0
アニマルヘルスケア事業	234	16	5	21
ホスピタリティ事業	23	2	▲4	▲14
その他	47	3	2	8
調整額	-	-	▲10	▲39
計	1,490	100	26	100

業績推移

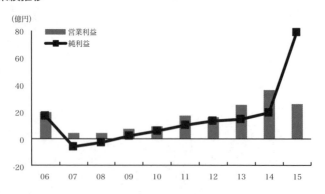

事業紹介

決算期は 11 月期です。

2015 年度（2016 年 11 月期）の主な事業セグメントは、次の七つです。

- (1) ガス＆パワー事業（都市ガス供給事業，電力供給事業等）
- (2) エネルギーサプライ＆ソリューション事業（LP ガスや石油製品の販売）
- (3) エンジニアリング＆メンテナンス事業（土木工事や建設工事等）
- (4) ハウジング事業(注文住宅の請負,建物のリフォーム請負,不動産売買等)
- (5) カーライフサポート事業(輸入自動車・国産自動車の販売・整備等)
- (6) アニマルヘルスケア事業（動物用医薬品の販売等）
- (7) ホスピタリティ事業（ホテル，料飲事業等）

15 年度業績について

2015 年度（2016 年 11 月期）の営業利益は 26 億円でした。営業利益のなかでエネルギーサプライ＆ソリューション事業とエンジニアリング＆メンテナンス事業の構成比が高かったです。

営業利益を事業セグメント別にみると、ガス＆パワー事業▲13 億円（営業損失）、エネルギーサプライ＆ソリューション事業 24 億円、エンジニアリング＆メンテナンス事業 16 億円、ハウジング事業 5 億円、カーライフサポート事業▲ 0 億円（営業損失）、アニマルヘルスケア事業 5 億円、ホスピタリティ事業▲ 4 億円(営業損失)、その他事業 2 億円、調整額▲ 10 億円(営業損失)でした。

よくわかるエネルギー株

経営方針

2016年度（2017年11月期）〜2018年度（2019年11月期）の中期経営計画（2017年1月11日発表）の経営数値目標は、2018年度の経常利益65億円（2015年度実績30億円）です。

中期経営計画では、グループが成長していくための基盤を確固たるものにするため、引き続き既存事業の強化に取り組むとしています。重点課題は次の3点です。

・お客さま・地域との新たな関係づくり

・魅力あるまち・暮らしづくり

・社員が誇れる社会づくり

第 5 章 主要銘柄を紹介

TOKAIホールディングス(3167)

一言紹介

静岡を中心に東海地方を地盤とする。主力事業は、LPガス販売、情報通信サービス、CATV事業。他に、不動産事業やアクア事業も展開。TLC（トータル・ライフ・コンシェルジュ）がサービス提供の基本コンセプト。

15年度事業セグメント

(単位：億円，%)

	売上高	（構成比）	営業利益	（構成比）
ガス及び石油	807	45	70	85
建築及び不動産	210	12	7	8
CATV	246	14	12	14
情報及び通信サービス	442	24	8	10
アクア	55	3	▲13	▲15
その他	49	3	▲2	▲2
調整額	-	-	1	1
計	1,809	100	82	100

業績推移

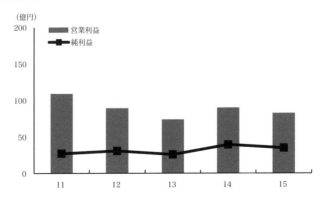

よくわかるエネルギー株

事業紹介

主な事業セグメントは、ガス及び石油事業、建築及び不動産事業、CATV事業、情報及び通信サービス事業、アクア事業です。

ガス及び石油事業

ガス及び石油事業では、LPガス等を販売しています。LPガスの販売地域は、東海エリアから関東・南東北エリアまでの1都12県です。

また、静岡県焼津市や藤枝市では、都市ガス（天然ガス）を供給しています。

電力分野では、2015年10月に東京電力（当時）と業務提携契約を締結し、2016年4月から電力とガスのセット販売を行っています。

建築及び不動産事業

建築及び不動産事業では、店舗等の建築、設計、設備機器の販売、不動産の開発、リフォーム等を行っています。

CATV事業

CATV事業では、静岡県等5県で、放送サービス・通信サービス（インターネット接続サービス）を提供しています。

情報及び情報通信サービス業

情報及び情報通信サービス業では、システムイノベーションサービス事業（ソフトウェアの開発等）、企業向け通信事業（光ファイバー賃貸サービス等）、ADSL・FTTH事業等を行っています。

第5章　主要銘柄を紹介

アクア事業

　アクア事業では、天然水等を利用した飲料水の製造及び販売を行っています。

15 年度業績について

　2015 年度（2016 年 3 月期）の営業利益は 82 億円でした。営業利益を事業セグメント別にみると、ガス及び石油事業は 70 億円、建築及び不動産事業は 7 億円、CATV 事業は 12 億円、情報及び通信サービス事業は 8 億円、アクア事業は営業損失▲13 億円でした。

経営方針

　中期経営計画（2014 ～ 2016 年度）の主な方針は、主力事業の収益力強化、規制緩和への対応、財務の更なる強化です。

　次の中期計画（2017 ～ 2020 年度）の重要課題は、中核事業の顧客基盤の拡大、総合力としての TLC の推進、M&A の推進です。また、グループ全体方針として、財務強化から成長投資重視へシフトを掲げています。

115

よくわかるエネルギー株

トーエル (3361)

一言紹介

主に関東圏でLPガス事業やウォーター事業を展開。電力小売事業に参入し、ガス、水、電気、通信のライフラインをパッケージとして供給販売を行う。ウォーター事業では、長野県と米国ハワイ州に工場を保有する。

15年度事業セグメント

(単位：億円, %)

	売上高	(構成比)	営業利益	(構成比)
LPガス事業	167	74	26	137
ウォーター事業	60	26	10	52
調整額	-	-	▲17	▲89
計	227	100	19	100

業績推移

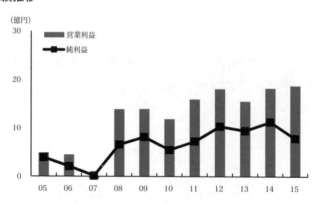

116

事業紹介

　主な事業セグメントは、LPガス事業とウォーター事業です。決算期は4月期です。

　LPガス事業では、LPガスおよび関連器具の小売や卸売等を行っています。ガス、水、電機、通信のライフラインを「トーエルライフラインパッケージ」として供給販売を行っています。

　ウォーター事業では、ハワイウォーターの仕入販売、製造販売及び国産ピュアウォーター「アルピナ」の製造販売を行っています。

15年度業績について

　2015年度（2016年4月期）の営業利益は19億円でした。

　営業利益を事業セグメント別にみると、LPガス事業26億円、ウォーター事業10億円、調整額は営業損失▲17億円でした。

経営方針

　中期経営計画（2017年4月〜2019年4月期）の基本方針は、LPガス事業で安定した収益を確保し、新規事業で会社を成長させることです。このため、LPガス事業では、物流機能の大型化推進や配送エリア内の顧客密度の向上等を目指しています。また、ウォーター事業では、ブランディング戦略や顧客ニーズへの対応を進めています。

　中期経営計画の2019年4月期の目標は、以下の通りです。

・営業利益22億円
・ROE（自己資本純利益率）10％以上

よくわかるエネルギー株

昭和シェル石油 (5002)

一言紹介

主な事業は、石油製品事業とエネルギーソリューション事業。エネルギーソリューション事業は、CIS太陽電池の生産・販売と、電力事業（発電と電力小売）を行う。注目点は、出光興産（5019）との経営統合に向けた動向。

16年度事業セグメント

(単位：億円，%)

	売上高	(構成比)	営業利益	(構成比)
石油事業	15,955	92	538	116
エネルギーソリューション事業	1,213	7	▲92	▲20
その他	92	1	17	4
調整額	-	-	▲0	0
計	17,261	100	464	100

業績推移

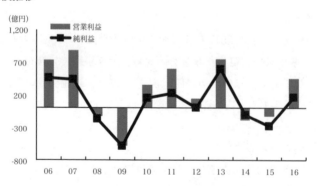

事業紹介

　主な事業セグメントは、石油事業とエネルギーソリューション事業で決算期は12月期です。

石油事業

　石油事業では、石油製品や石油化学製品の製造・販売を行っています。

　製油所の原油処理能力は、グループ合計44.5万バレル／日（2015年12月末）です。グループ製油所は、昭和四日市石油（三重県）、西部石油（山口県）、東亜石油（5008）（神奈川県）の3ヵ所です。また、富士石油（5017）から石油製品の供給を受けています。

　2016年度の石油製品の国内販売量は2,505万KL（キロリットル）、輸出量は149万KLです。国内販売量のうち、ガソリンは868万KL（構成比35％）、灯油は267万KL（同11％）、軽油は534万KL（同21％）です。石油化学製品では、ミックスキシレン、ベンゼン、プロピレン等を生産しています。

エネルギーソリューション事業

　エネルギーソリューション事業では、太陽電池事業と電力事業を行っています。

　太陽電池事業では、子会社のソーラーフロンティアが、CIS太陽電池を製造・販売しています。CIS太陽電池とは、銅（Cu）、インジウム（In）、セレン（Se）を主原料とする化合物系の薄膜太陽電池です。

　CIS太陽電池の主力の製造工場は、宮崎県にある国富工場〔公称生産能力は年間900MW（メガワット）〕です。また、宮城県では東北

工場（公称生産能力は年間150MW）が稼働しています。東北工場は、CIS太陽電池の新技術を実証して、将来的に海外で工場を建設する時のモデル工場とする方針です。

電力事業は、発電事業と電力小売事業を展開しています。

同社持分の発電能力の合計は、約65万kW（ﾋ゙ﾛﾜｯﾄ）です（2015年度末）。発電所には、ジェネックス水江発電所や、扇島パワーステーション（1～3号機）や京浜バイオマス発電所等がある。京浜バイオマス発電所（発電能力4.9万kW）は、木質ペレットおよびパームヤシの種殻を燃料とする再生可能エネルギー発電となっています。

家庭向け電力事業には、2016年4月に参入しました。

16年度業績について

2016年度（2016年12月期）の営業利益は464億円でした。ただし、在庫の影響は、差益112億円ですので、実力ベースの在庫の影響を除く調整後営業利益は352億円でした。

営業利益を事業セグメント別にみると、石油事業538億円、エネルギーソリューション事業▲92億円（営業損失）、その他事業17億円でした。ただし、石油事業は、実力ベースの在庫の影響を除く調整後営業利益は426億円でした。

経営方針

『中期経営アクションプラン』（2013～2017年度）の経営目標は次の3点です。

(1) 成長戦略を維持しつつ、安定的かつ魅力的な配当の実現

(2) 法令違反・行動原則違反ゼロ

第5章　主要銘柄を紹介

(3) 操業中の事故・労働災害・品質事故発生件数ゼロ

　経営リソースの配分方針は、期間中に得られるフリー・キャッシュ・フローを次の四つの分野にバランスよく配分することです。

(1) 石油事業・太陽電池事業における操業維持・合理化への投資

(2) 需要構造変化に対応するための石油事業・電力事業におけるステップチェンジへの投資

(3) 新型パネルの生産や新技術の活用による競争力強化のための太陽電池工場への投資

(4) 財務健全性維持の下、魅力的な配当を実現。

出光興産との経営統合に向けた動き

　2016年12月19日に、筆頭株主が、ロイヤル・ダッチ・シェルから出光興産に異動しました。出光興産との経営統合に向けた動向については、出光興産のページをご覧ください。

よくわかるエネルギー株

東燃ゼネラル石油 (5012)

一言紹介

主な事業は、石油製品事業と石油化学事業。経営方針はコアビジネスの強化と成長戦略。成長戦略の一つは電力事業の展開。2017年4月にJXホールディングス（5020）と経営統合を予定。

16年度事業セグメント

(単位：億円，%)

	売上高	(構成比)	営業利益	(構成比)
石油事業	18,508	89	541	67
石油化学事業	2.386	11	444	55
調整額	-	-	▲175	▲22
計	20,894	100	810	100

業績推移

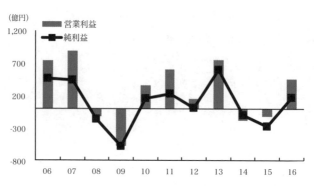

122

「よくわかるエネルギー株」正誤表

122頁の業績推移に誤りがありましたため、下記の通り訂正いたします。

業績推移

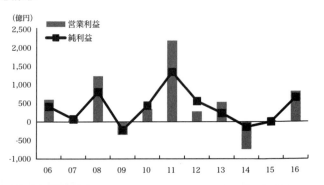

第 5 章　主要銘柄を紹介

事業紹介

　主な事業セグメントは、石油事業と石油化学事業で、決算期は 12 月期です。

石油事業

　石油事業では、石油製品の製造と販売を行っています。

　製油所の原油処理能力は、グループ合計 69.8 万バレル／日（2015 年末）です。グループ製油所は、川崎工場（神奈川県）、堺工場（大阪府）、和歌山工場（和歌山県）、千葉工場（千葉県）の 4 ヵ所です。

　2016 年度の石油製品の国内販売量は 2,537 万 KL（キロリットル）、輸出量は 582 万 KL です。国内販売量のうち、ガソリンは 1,095 万 KL（構成比 43％）、灯油は 246 万 KL（同 10％）、軽油は 402 万 KL（同 16％）です。

石油化学事業

　石油化学事業では、石油化学製品の製造と販売を行っています。主力の石油化学製品は、エチレン〔年間生産能力 54 万 t（トン）〕、ベンゼン（同 39 万 t）、パラキシレン（同 50 万 t）です。

16 年度業績について

　2016 年度（2016 年 12 月期）の営業利益は 810 億円でした。ただし、在庫の影響は、差益 80 億円ですので、実力ベースの在庫の影響を除く調整後営業利益は 730 億円でした。

　営業利益を事業セグメント別にみると、石油事業 541 億円、石油化学事業 444 億円、調整額▲175 億円（営業損失）でした。ただし、石油事業の在庫の影響を除く実力ベースの調整後営業利益は 461

よくわかるエネルギー株

億円でした。

中期経営計画

　2013年2月に発表された中期経営計画の2本の柱は、コアビジネス（石油・石油化学事業）の強化と、成長戦略の展開です。

　コアビジネスの強化では、千葉工場とコスモエネルギーホールディングス（5021）の千葉製油所が共同事業を実施するために、京葉精製共同事業合同会社を設立しています（2014年12月19日プレスリリース）。両製油所の間には、パイプランを建設中であり、パイプライン完成後には、両製油所の運営が一体運営される予定です。

　成長戦略の展開では、電力事業に取り組んでいます。2016年4月から家庭向けの電力小売販売を開始しています。また、発電所の建設を目指しており、静岡県の清水天然ガス発電と千葉県の市原火力発電所（石炭火力発電）のプロジェクトに取り組んでいます。

JXホールディングスとの経営統合

　2017年4月に、同社はJXホールディングスと経営統合の予定です。詳細は、JXホールディングスのページをご覧ください。

第5章　主要銘柄を紹介

富士石油 (5017)

一言紹介

千葉県にある袖ヶ浦製油所で、石油製品や石油化学製品を生産・販売。袖ヶ浦製油所の装置構成の特徴は、ユリカ装置（減圧残油熱分解装置）があり、石油ピッチを生産していること。今後の注目点は、製油所の利益成長戦略。

業績推移

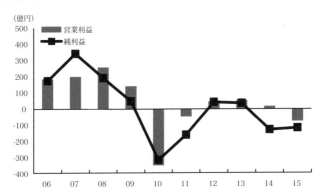

事業紹介

主な事業は、石油製品の生産と販売です。千葉県にある袖ヶ浦製油所を操業しており、昭和シェル石油等に石油製品を供給しています。袖ヶ浦製油所の精製能力は14.3万バレル／日(2016年3月末)です。

袖ヶ浦製油所の装置構成の特徴は、FCC（流動接触分解装置）とユリカ装置があることです。これらの装置は、需要の少ない重

よくわかるエネルギー株

油を分解して、採算性の高い石油製品を生産することができます。ユリカ装置からは、副産物として石油ピッチ（アスファルトピッチ）が生産されます。

石油製品の国内販売量は741万KL（キロリットル）（2015年度）です。国内販売量のうちガソリンは203万KL（構成比27%）、灯油は48万KL（同6%）、軽油は170万KL（同23%）です。

一般的に、製油所の大規模定期点検は4年に1回です。定期点検中は、石油製品の生産を停止します。富士石油の製油所は、袖ヶ浦製油所のみですので、この定期点検による影響が大きい点に注意してください。

15年度業績について

2015年度の営業損失は▲88億円でした。ただし、在庫の影響は、差損130億円でしたので、実力ベースの在庫の影響を除く調整後営業利益は42億円と黒字でした。

石油精製・販売の単一事業ですので、事業セグメント別の業績の開示はありません。

経営方針

中期事業計画（2014～2016年度）における経営課題への主な取り組みは、袖ヶ浦製油所の安定操業・高稼働を維持し、国内トップクラスのコスト競争力を堅持することです。

建設中のアスファルトピッチ焚きボイラー・タービン発電設備（ASP-BTG）は2017年7月に運転開始予定です。これにより、エネルギー効率改善や購入電力削減が期待されます。

第5章　主要銘柄を紹介

出光興産 (5019)

一言紹介

　石油製品事業、石油化学事業、資源事業等を展開。資源事業には、豪州の発電用石炭鉱山の生産事業がある。その他事業では、有機EL材料を生産している。今後の注目点は、昭和シェル石油 (5002) との経営統合に向けた動向。

15年度事業セグメント

(単位：億円, %)

	売上高	(構成比)	営業利益	(構成比)
石油製品	27,527	77	▲674	-
石油化学製品	5,208	15	423	-
資源	2,265	6	▲6	-
その他	702	2	88	-
調整額	-	-	▲27	-
計	35,702	100%	▲196	

業績推移

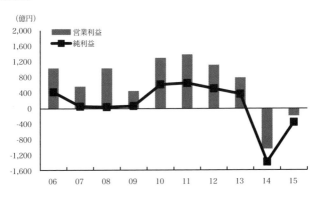

127

よくわかるエネルギー株

事業紹介

　主な事業セグメントは、石油事業、石油化学事業、資源事業(石油開発と石炭鉱山)、その他事業です。

石油事業

　石油事業では、石油製品の製造と販売を行っています。

　製油所の原油処理能力は、グループ合計53.5万㌼／日（2016年3月末）で、製油所は、北海道製油所(北海道)、千葉製油所(千葉県)、愛知製油所 (愛知県) の3ヵ所です。

　2015年度の石油製品の国内販売量は2,387万KL (㌔㍑)、輸出量は159万KLです。国内販売量のうち、ガソリンは821万KL(構成比34%)、灯油は261万KL(同11%)、軽油は604万KL(同25%) です。

　ベトナムで建設中のニソン製油所 (原油処理能力20万㌼／日)に参画しています。ニソン製油所は2016年度の商業運転開始を目指しています。

石油化学事業

　石油化学事業では、基礎化学品事業と機能材料事業があります。基礎化学品事業の主な石油化学製品は、パラキシレンやスチレンモノマーです。

資源事業

　資源事業には、石油開発事業と石炭鉱山事業があります。

　石油開発事業では、ノルウェー、イギリス、ベトナム等で油田の開発生産をしています。原油生産量の合計は3.6万㌼／日(2015

年度）です。

　石炭鉱山事業では、海外の石炭鉱山で発電用石炭を開発生産しています。生産中の石炭鉱山は、オーストラリアでは、エンシャム鉱山、マッセルブルック鉱山、ボガブライ鉱山、タラウォンガ鉱山です。

　また、インドネシアでは、マリナウ鉱山等で生産中です。石炭生産量の合計は 1,250 万 t（トン）（2015 年度）です。

その他事業

　その他事業には、電子材料事業、アグリバイオ事業、ガス事業、再生可能エネルギー事業等があります。このうち、電子材料事業では、有機 EL 材料の製造・販売を行っています。ガス事業では、兵庫製油所跡地（兵庫県姫路市）において、天然ガス発電事業の検討を行っています。再生可能エネルギー事業では、メガソーラー発電やバイオマス発電を運営しています。

15 年度業績について

　2015 年度の営業損失は▲196 億円でした。ただし、在庫の影響は、差損 1,222 億円ですので、実力ベースの在庫の影響を除く調整後経常利益は、1,026 億円の黒字でした。

　事業セグメント別の営業損益を見ると、石油製品事業は営業損失▲674 億円と赤字でした。ただし、石油事業の実力ベースの在庫の影響を除く調整後営業利益は 513 億円です。2015 年度の営業利益で、2 番目に稼いでいた事業セグメントは石油化学事業（423 億円）でした。原油価格と石炭価格が低迷したため、資源事業は営業損失▲6 億円でした。

よくわかるエネルギー株

経営方針

　経営方針は、エネルギーの確保と有効利用並びに高機能材のグローバル展開を通じて経済と環境の調和のある社会の発展に貢献することです。

昭和シェル石油との統合について

　2016 年 12 月 19 日に、出光興産はロイヤル・ダッチ・シェルから、昭和シェル石油の株式(議決権 31.3％比率)を取得しました。2015 年 11 月 12 日に出光興産と昭和シェル石油は、経営統合に関する基本合意書を締結しています。今後の注目点は、出光興産の大株主である出光創業家との協議の進捗です。

第5章 主要銘柄を紹介

JXホールディングス(5020)

一言紹介

石油会社の最大手。主な事業は、エネルギー事業（石油製品，電力事業等）、油田やガス田の開発事業、金属事業（銅鉱山，銅精錬，電材加工等）と多岐に渡る。2017年4月に東燃ゼネラル石油と経営統合を予定。

15年度事業セグメント

(単位：億円，%)

	売上高	(構成比)	経常利益	(構成比)
エネルギー	71,158	81	▲971	-
石油・天然ガス開発	1,758	2	282	-
金属	10,449	12	133	-
その他	4,013	5	449	-
調整額	-	-	22	-
計	87,378	100%	▲86	-

業績推移

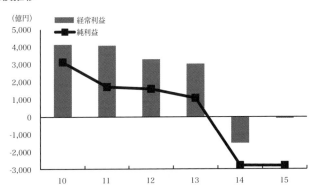

よくわかるエネルギー株

事業紹介

主な事業セグメントは、エネルギー事業、石油・天然ガス開発事業、金属事業、その他事業の四つです。

エネルギー事業

エネルギー事業では、石油製品事業や石油化学製品事業、電気事業、LNG・天然ガス事業、水素事業等を行っています。

石油製品事業では、原油を調達して、製油所で精製した石油製品を販売しています。

製油所の原油処理能力は、グループ合計142.6万ﾊﾞﾚﾙ／日（2016年3月末）です。製油所は、仙台製油所(宮城県)、根岸製油所(神奈川県)、水島製油所 (岡山県)、麻里布製油所 (山口県)、大分製油所 (大分県)、鹿島製油所 (茨城県)、大阪製油所 (大阪府) があります。

2015年度の石油製品の国内販売量は5,265万KL (ｷﾛﾘｯﾄﾙ)、輸出燃料油は1,133万KLです。国内販売量のうち、ガソリンは1,781万KL（構成比34%）、灯油は581万KL（同11%）、軽油は1,227万KL（同23%）です。

石油化学事業では、基礎化学品や機能化学品を製造・販売しています。主力の石油化学製品は、パラキシレンやベンゼンです。

電気事業の発電能力（持分ベース）は合計162.9万kW (ｷﾛﾜｯﾄ)です（2016年10月現在）。発電能力の事業別の内訳は、電力卸売事業82.8万kW、電力小売事業76.2万kW、メガソーラー3.5万kW、風力発電0.4万kWです。また、2016年4月に家庭用電力小売事業に「ENEOSでんき」のブランド名で参入しました。

LNG・天然ガス事業では、青森県八戸市にLNG大型輸入基地、

北海道の釧路市にLNGの小型基地を操業しています。

　水素事業では、将来の燃料電池自動車の普及を見据えて、水素の製造・輸送・販売を効率的かつ安定的に行う体制の構築を目指しています。具体的には、水素ステーションの運営等を行っています。

石油・天然ガス開発事業

　石油・天然ガス開発事業では、海外で油田やガス田等の開発・生産を行っています。2015年度の原油・天然ガスの生産量は約12万㌻／日（年間生産量は約4,380万㌻）でした。製品別の内訳は、原油5.4万㌻／日（構成比45%）、天然ガス6.7万㌻／日（構成比55%）です。油田やガスのある主な地域は、マレーシア、ベトナム、英国北海、中東等です。2015年末の埋蔵量は6.69億㌻（原油換算）です。可採年数は15.3年（＝埋蔵量6.69億㌻÷年間生産量4,380万㌻）と計算されます。

金属事業

　金属事業では、銅を中心に、銅鉱山の資源開発から電材加工まで事業を行っています。金属事業の主な事業は、資源開発、銅精錬、電材加工、環境リサイクル、チタン等です。2015年度の資源開発の銅鉱山権益量は約17万t（㌧）です。また、2015年度の銅精錬の地金生産能力は合計92万tです。

　資源金属の銅鉱山では、チリのカセロネス銅鉱山が注目されます。カセロネス銅鉱山は、2013年から生産を開始しており、マインライフ（可採年数）は28年間（2013〜2040年）とされています。

よくわかるエネルギー株

その他事業

　その他事業の子会社には上場会社のNIPPO（1881）が含まれています。NIPPOの主要な事業は、舗装、土木及び建築の各工事ならびにアスファルト合材の製造・販売です。

15 年度業績について

　2015 年度の経常損失は▲86 億円と赤字でした。ただし、在庫の影響は、差損 2,695 億円ですので、実力ベースの在庫の影響を除く調整後経常利益は、2,609 億円の黒字でした。

　2015 年度の事業セグメント別の経常損益は以下の通りです。エネルギー事業は経常損失 971 億円と赤字でしたが、在庫の影響は差損 2,638 億円ですので、実力ベースの調整後経常利益は 1,667 億円と黒字でした。石油・天然ガス開発事業の経常利益は 282 億円でした。金属事業の経常利益は 133 億円ですが、在庫の影響は差損 54 億円ですので、実力ベースの調整後経常利益は 190 億円でした。その他事業は 470 億円です。

東燃ゼネラル石油との統合

　同社と東燃ゼネラル石油（5012）は、2015 年 12 月 3 日に、経営統合に関する基本合意書を締結し、2016 年 8 月 31 日に、経営統合契約を締結しました。2017 年 4 月 1 日に経営統合が実施される予定です。

　2016 年 8 月 31 日発表の経営統合契約の概要は、以下の通りです。

　　・統合持株会社の名称はJXTGホールディングス株式会社

　　・統合グループの長期ビジョンおよび 2017 年度から 3 年間

第5章　主要銘柄を紹介

の中期経営計画は 2017 年 4 月をめどに公表予定

そして、長期ビジョンおよび中期経営計画の策定にあたり、以下の財務目標を掲げることを基本にしています。

- ・調整後連結経常利益（2019 年度）　5,000 億円以上
- ・連結自己資本当期純利益率（連結 ROE）（2019 年度）10％以上
- ・連結ネット D ／ E レシオ（負債資本倍率）（2019 年度）　0.9 倍以下
- ・連結フリーキャッシュフロー（2017 〜 2019 年度の合計額）5,000 億円以上

統合効果については、経営統合後 3 年以内に 1,000 億円以上の収益改善効果を達成することを目指しています。統合効果 1,000 億円の部門別の内訳は、供給・物流・販売部門 280 億円、製造部門 400 億円、購買部門 150 億円、その他 170 億円です。

よくわかるエネルギー株

コスモエネルギーホールディングス(5021)

一言紹介

2015年10月にコスモ石油の親会社として設立。主な事業セグメントは、石油事業、石油化学事業、石油開発事業。製油所の競争力強化のため、提携を進める。石油開発事業では、アブダビのヘイル油田が2017年に生産開始予定。

15年度事業セグメント

(単位:億円, %)

	売上高	(構成比)	経常利益	(構成比)
石油事業	21,771	97	▲628	-
石油化学	202	1	41	-
石油開発	227	1	186	-
その他	243	1	35	-
調整額	-	-	4	-
計	22,443	100	▲361	-

業績推移

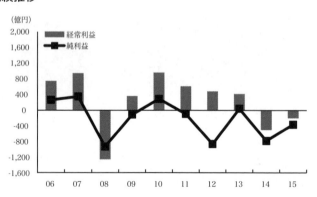

136

第5章 主要銘柄を紹介

事業紹介

　主な事業セグメントは、石油事業、石油化学事業、石油開発事業、その他事業の四つです。

石油事業

　石油事業では、石油製品の製造と販売を行っています。

　製油所の精製能力は、グループ合計45.2万㌭／日（2016年3月末）でした。なお、2016年10月24日に製油所の精製能力は削減され、精製能力はグループ合計42.5万㌭／日となりました。製油所は、千葉製油所（千葉県）、四日市製油所（三重県）、堺製油所（大阪府）の3ヵ所です。

　千葉製油所では、東燃ゼネラル石油（5012）とアライアンスを結んでおり、京葉精製共同事業合同会社を2015年1月に設立しました。現在、両社の千葉製油所の間にパイプラインを建設中で、パイプライン完成後は、両製油所の石油精製の設備を一元的に運営する予定です。

　四日市製油所では、昭和シェル石油（5002）の子会社である昭和四日市石油と事業提携を行い、精製設備の最適化を目指しています。

　2015年度の石油製品の国内販売量は2,135万KL（㌔㍑）、輸出量は406万KLです。国内販売量のうち、ガソリンは567万KL（構成比27％）、灯油は182万KL（同9％）、軽油は413万KL（同19％）です。

石油化学事業

　石油化学事業では、石油化学製品の製造と販売を行っています。

137

よくわかるエネルギー株

2016年3月に丸善石油化学を連結子会社化し、千葉製油所と丸善石油化学の千葉工場の一体運営が可能になりました。主力の石油化学製品は、ミックスキシレンやパラキシレン、ベンゼンです。

石油開発事業

石油開発事業では、主にU.A.Eのアブダビで油田の開発・生産事業を行っています。主な子会社はアブダビ石油です。アブダビでは、ヘイル油田を開発中で、2017年度上期から本格的に生産を開始する見込みです。

2015年度の原油生産数量は3.9万㌭／日（年間生産量1,424万㌭）です。2015年末の埋蔵量（確認埋蔵量と推定埋蔵量の合計）は1.61億㌭です。

その他事業

その他事業では、再生可能エネルギー事業として、風力発電事業を行っています。風力発電の発電能力の合計は18.4万kW（㌔㍗）（2015年度末）です。また、メガソーラー事業も行っています。

15年度業績について

2015年度（2016年3月期）の経常損失は▲361億円と赤字でした。ただし、在庫の影響は、差損687億円ですので、実力ベースの在庫の影響を除く調整後経常利益は、326億円の黒字でした。

2015年度の事業セグメント別の経常損益は以下の通りです。石油事業は経常損失628億円と赤字ですが、実力ベースの在庫の影響を除く調整後経常利益は58億円と黒字でした。石油化学事

業は 41 億円、石油開発事業は 186 億円、その他事業は 35 億円でした。

経営方針

経営方針は、グローバルな垂直型一貫総合エネルギー企業の実現を目指しています。

中期経営計画（2013 ～ 2017 年度）の四つの基本方針は以下の通りです。

・石油精製販売事業における競争力強化

・前中期経営計画で決定した戦略投資の回収

・IPIC・HDO とのアライアンス強化

・CSR 経営の推進

中期計画の 2017 年度の経常利益（在庫の影響を除く実力ベース）の目標は 1,100 億円です。

よくわかるエネルギー株

エナリス (6079)

一言紹介

　需要家のエネルギー利用を効率化するサービスを提供。エネルギーエージェントサービスと小売電気事業者向け電力需給管理サービス等の主力サービスの拡大を進める。2016年8月にKDDIと資本・業務提携契約を締結。

業績推移

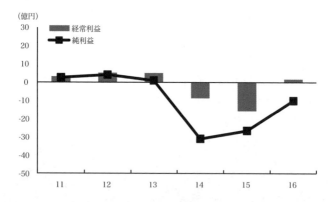

事業紹介

　需要家のエネルギー利用を効率化するサービスを提供しています。主な事業は、エネルギーマネジメント事業とパワーマーケティング事業の二つです。決算期は12月期です。

エネルギーマネジメント事業

　エネルギーマネジメント事業では、エネルギーエージェント

サービス（2016 年 4 月に「電力代理購入サービス」より名称変更）
や小売電気事業者向け電力需給サービス等をおこなっています。
エネルギーエージェントサービスでは、電力の受給予測技術等の
ノウハウを生かして、需要家に対して、電力の調達先を仲介して
います。

パワーマーケティング事業

　パワーマーケティング事業では、小売電気事業者等に対し安定
した電力供給を行うことを主な目的として、保有電源であるバイ
オディーゼル発電所からの電力供給や電力の外部調達や仲介、卸
取引を行っています。

16 年度業績について

　2016 年度（2016 年 12 月期）の営業利益は 6 億円（15 年度は営
業損失 16 億円）と黒字転換しました。営業利益が黒字転換した
主な要因は、既存事業の採算性の改善と 2015 年度に計上した一
過性損失の解消です。

　事業区分別の営業利益は開示されていません。

KDDIと資本・業務提携契約を締結

　2016 年 8 月 10 日に KDDI と資本・業務提携契約を締結しまし
た。提携の理由は、エネルギーと情報が融合したサービス（エネ
ルギー情報サービス）の企画・運営を共同で行うことです。

よくわかるエネルギー株

カメイ (8037)

一言紹介

仙台を中心に東北地方を地盤とする商社。事業は、エネルギーから食料、住宅、自動車、ペット、ファーマシー等と多岐に渡る。主力のエネルギー事業では、ガソリン、灯油、軽油、重油、LPガス等を販売。M&Aを積極的に推進。

15年度事業セグメント

(単位：億円，%)

	売上高	(構成比)	営業利益	(構成比)
エネルギー事業	2,142	51	66	57
食料事業	277	7	▲3	▲2
住宅関連事業	345	8	17	15
自動車関連事業	519	12	20	17
海外・貿易事業	516	12	21	19
ペット関連事業	141	3	▲1	▲1
ファーマシー事業	157	4	6	5
その他	111	3	12	11
調整額	-	-	▲25	▲22
計	4,209	100	115	100

業績推移

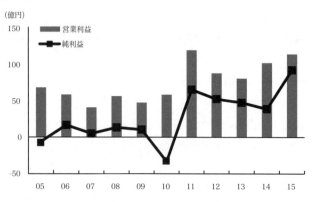

第5章　主要銘柄を紹介

事業紹介

　仙台を中心として、東北地方を地盤とする商社。主な事業セグメントは七つと多岐に渡っています。

- ・エネルギー事業（ガソリン，灯油，軽油，重油，LPガス等を販売）
- ・食料事業〔農水産品（米穀類等），畜産品（牛タン等），ビール，ワイン，清酒等を販売〕
- ・住宅関連事業(キッチン等の住宅設備機器の販売,建設工事,リフォーム事業等)
- ・自動車関連事業（自動車販売やレンタカー事業を展開）
- ・海外・貿易事業（タイヤやベアリング，給油機等を輸出し，ロシアから水産物を輸入）
- ・ペット関連事業（ペットフード，ペット用品，園芸資材，農業資材等の販売）
- ・ファーマシー事業（薬局を運営し，処方薬及び一般医薬品を販売）

15年度業績について

　2015年度の営業利益は115億円でした。

　営業利益を事業セグメント別にみると、エネルギー事業66億円、食料事業は▲3億円（営業損失）、住宅関連事業17億円、自動車関連事業20億円、海外・貿易事業21億円、ペット関連事業▲1億円（営業損失）、ファーマシー事業6億円です。エネルギー事業への依存度が高く、食料事業とペット関連事業は赤字でした。

143

よくわかるエネルギー株

経営方針

　活動理念は、地域社会に密着し、人々の生活に役立つ総合商社として活動発展することを目指すことです。

　中長期的な主な経営戦略は以下の通りです。

- ・各事業分野におけるグループの総合力を最大限に発揮するため、顧客から支持され信頼される効率的で、かつ安定供給可能な流通ネットワークづくりを推進
- ・新エネルギー、省エネルギーへの対応や環境関連事業の取り組みを推進するなど、将来の成長分野新規事業等への投資を図る
- ・今後の更なる事業の拡大・成長に向けたM&Aなどを積極的に推進

第5章 主要銘柄を紹介

岩谷産業（8088）

一言紹介

　主力事業は、総合エネルギーと産業ガス。総合エネルギーでは、LPガス販売を中心に、電力や都市ガスの小売も行う。産業ガスでは、窒素、酸素、水素、ヘリウム等を販売。液化水素を核に、水素サプライチェーンの構築に取り組む。

15年度事業セグメント

(単位：億円、%)

	売上高	(構成比)	営業利益	(構成比)
総合エネルギー	2,894	47	90	44
産業ガス・機械	1,645	27	76	37
マテリアル	1,259	20	38	19
自然産業	286	5	12	6
その他	78	1	9	5
調整額	-	-	▲22	▲11
計	6,162	100	205	100

業績推移

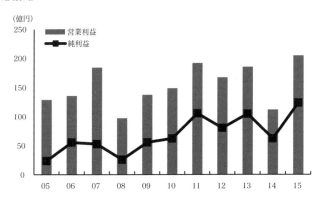

145

よくわかるエネルギー株

事業紹介

　主な事業セグメントは、総合エネルギー事業、産業ガス・機械事業、マテリアル事業、自然産業事業の四つです。

総合エネルギー事業

　総合エネルギー事業では、LPガス、LPガス供給機器・設備、液化天然ガス、カセットこんろ、カセットボンベ、ミネラルウォーター等の販売を行っています。電力小売自由化に向けては、関東・首都圏エリアでの電力小売市場に参入しました。

　2015年度のLPガス販売量は238万t（トン）です。そして、2015年度末のLPガスの直売顧客数は86万戸でした。

産業ガス・機械事業

　産業ガス・機械事業では、エアセパレートガス（酸素，窒素，アルゴン等）、水素、ヘリウム等の産業ガスを販売しています。また、ガス供給設備や溶接材料、産業機械・装置等も販売しています。

　水素では、国内に液化水素プラントを保有しています。そして、水素社会の実現に向けて、四大都市圏を中心に水素ステーションを運営しています。

マテリアル事業

　マテリアル事業では、ステンレス、非鉄金属、樹脂原料、樹脂成型品、機能性フィルム、ディスプレイ材料、電子材料、ミネラルサンド、バイオマス燃料等を販売しています。

146

第 5 章　主要銘柄を紹介

自然産業事業

　自然産業事業では、冷凍食品、健康食品、種豚・畜産システム等を販売しています。

15 年度業績について

　2015 年度の営業利益は 205 億円でした。総合エネルギー事業と産業ガス・機械事業の寄与が大きいです。

　営業利益を事業セグメント別にみると、総合エネルギー事業 90 億円、産業ガス・機械事業 76 億円、マテリアル事業 38 億円、自然産業事業 12 億円でした。

経営方針

　中期経営計画『PLAN18』（2016 〜 2018 年度）の基本方針は、成長戦略の推進と経営基盤の拡充です。

　中期経営計画の基本戦略は次の 5 点です。

　　(1) エネルギー流通革命（LP ガスの流通改革の実施や保安体制の強化を行う）

　　(2) 水素エネルギー社会の推進（液化水素を核とした水素のサプライチェーンの構築に取り組む）

　　(3) 海外事業強化（特に，東南アジアでの事業拡大に努める）

　　(4) 新規事業立ち上げ

　　(5) コンプライアンス遵守

　中期経営計画の 2018 年度の数値目標は、以下の通りです。

　　・経常利益 240 億円

　　・ROA（総資産経常利益率）5.5％以上

　　・ROE（自己資本純利益率）10.0％以上

147

よくわかるエネルギー株

三愛石油 (8097)

一言紹介

主力事業は、石油製品・LPガスの販売や航空燃料の取扱業（保管・給油）。佐賀県で都市ガス事業も行う。2020年の東京オリンピック・パラリンピックに向けて、羽田空港の貯油タンク等の航空機給油設備の増強工事を進める。

15年度事業セグメント

(単位：億円，%)

	売上高	(構成比)	経常利益	(構成比)
石油関連	6,889	92	21	29
ガス関連	447	6	22	31
航空関連	130	2	20	29
調整額	-	-	8	11
計	7,467	100	71	100

業績推移

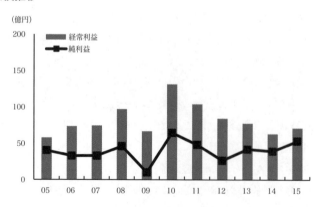

事業紹介

主な事業セグメントは、石油関連事業、ガス関連事業、航空関連事業の三つです。

石油関連事業

石油関連事業では、石油製品の販売や化学製品の製造・販売を行っています。系列のサービスステーション（ガソリンスタンド）数は、全国 1,178 ヵ所（2015 年度末）です。

ガス関連事業

ガス関連事業では、LPガス、天然ガス、都市ガス等の販売を行っています。また、佐賀県で一般家庭や産業用の都市ガスを供給しています。

航空関連事業

航空関連事業では、航空機の燃料の保管・給油等を行っています。羽田空港でハイドラントシステム（地下パイプラインでの給油システム）による航空燃料取扱業務を行っています。2020 年東京オリンピック・パラリンピックの開催によって航空燃料の需要増加が見込まれることや、施設の安全確保のために、貯油タンク等の航空機給油施設の増強工事を進めています。

15 年度業績について

2015 年度の経常利益は 71 億円でした。経常利益を事業セグメント別にみると、石油関連事業 21 億円、ガス関連事業 22 億円、航空関連事業 20 億円でした。

よくわかるエネルギー株

経営方針

　経営理念は、「人を愛し、国を愛し、勤めを愛す」の三愛精神です。

　中期経営計画『Innovation 2017』の四つのテーマは以下の通りです。

　　(1) 既存事業変革

　　(2) 新規事業参入

　　(3) グループ経営強化

　　(4) 人材育成、意識改革、組織改編

第5章 主要銘柄を紹介

ミツウロコグループホールディングス(8131)

一言紹介

主力事業は、石油製品とLPガスの販売。この他に、不動産賃貸（PM）事業、スポーツ事業、電力事業を展開。電力事業では、風力発電による電力卸売と、バイオマス発電を中核とした一般需要家への電力小売を行う。

15年度事業セグメント

(単位：億円, %)

	売上高	(構成比)	営業利益	(構成比)
エネルギー	1,553	81	35	97
PM／健康・スポーツ	28	1	4	12
電力	236	12	11	32
その他	93	5	▲5	▲15
調整額	-	-	▲9	▲26
計	1,910	100	36	100

業績推移

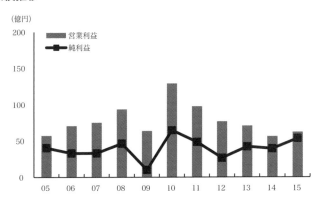

151

よくわかるエネルギー株

事業紹介

　主な事業セグメントは、エネルギー事業、PM／健康・スポーツ事業、電力事業の三つです。

エネルギー事業

　エネルギー事業では、石油製品とLPガスの卸売、サービスステーション（ガソリンスタンド）での石油製品の小売、LPガスの一般需要家への小売を行っています。

PM／健康・スポーツ事業

　PM／健康・スポーツ事業では、オフィスビル、マンション等の不動産の賃貸（PM）、混浴施設等の健康・スポーツをテーマとした施設経営をしています。

　主な施設は、横浜駅西口複合商業施設「HAMABOWL EAS（ハマボールイアス）」です。

電力事業

　電力事業では、風力発電による電力卸売と、バイオマス発電を中核とした一般需要家への電力小売を行っています。

15年度業績について

　2015年度の営業利益は36億円でした。エネルギー事業の寄与度が高いのが特徴です。

　営業利益を事業セグメント別にみると、エネルギー事業35億円、PM／健康・スポーツ事業4億円、電力事業11億円でした。

第 5 章　主要銘柄を紹介

経営方針

　目標とする経営指標は、事業の収益力をはかる営業利益率を重視し、5％を目標値と定めています。

　中長期的な経営戦略は次の 3 点です。

　　(1) 電力ビジネスの収益力拡大（電力の販売および電力の供給）

　　(2) 全ての事業における顧客軒数の拡大

　　(3) フード＆プロビジョンズ事業へのさらなる拡充

よくわかるエネルギー株

シナネンホールディングス(8132)

一言紹介

主力事業はLPガスや石油製品の販売。2015年10月から持株会社体制に移行。エネルギー事業では、電力販売やソリューション提案を展開。非エネルギー事業では、自転車事業、抗菌剤事業、リサイクル事業等を行う。

15年度事業セグメント

(単位:億円, %)

	売上高	(構成比)	営業利益	(構成比)
エネルギー卸売及び周辺	1,538	55	1	7
エネルギー小売及び周辺	227	8	16	95
グローバル	72	3	2	9
ソリューション	963	34	5	29
その他	12	0	▲0	▲2
調整額	1	-	▲6	▲38
計	2,814	100	17	100

業績推移

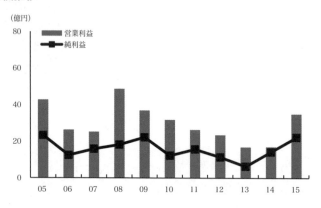

第 5 章　主要銘柄を紹介

事業紹介

2016年度に事業セグメント区分が変更されました。新しい事業セグメントは、エネルギー卸・小売周辺事業（B to C 事業）、エネルギーソリューション事業（B to B 事業）、非エネルギー及び海外事業の三つです。

以下では、従来の2015年度の四つの事業セグメント区分に基づいて、紹介します。

エネルギー卸売及び周辺事業

エネルギー卸売及び周辺事業では、石油製品やLPガス等のエネルギーやエネルギー機器を小売事業者に卸売し、周辺事業としてガソリンスタンドの経営等を行っています。

エネルギー小売及び周辺事業

エネルギー小売及び周辺事業では、LPガスや都市ガスを消費者へ供給・販売し、周辺事業として、リフォームやハウスクリーニング、水回りサービス等を行っています。

グローバル事業

グローバル事業では、抗菌性ゼオライトの製造及び国内外販売、自転車の海外企業へのOEM委託等を行っています。

ソリューション事業

ソリューション事業では、次世代エネルギーの取り組み、電力小売販売等の総合エネルギーサービス事業を行っています。

155

よくわかるエネルギー株

15 年度業績について

2015 年度の営業利益は 17 億円でした。エネルギー小売及び周辺事業の寄与がもっとも大きいのが特徴です。営業利益を事業セグメント別にみると、エネルギー小売及び周辺事業は 16 億円です。

経営方針

中期 3 カ年計画（2014 ～ 2016 年度）の基本方針は、機動的な販売店支援と事業領域の拡大、総合エネルギーサービス事業の推進体制の拡充、海外事業展開の拡大を掲げています。

目標とする経営目標は、ROE（自己資本純利益率）6％以上です。

第5章 主要銘柄を紹介

伊藤忠エネクス (8133)

一言紹介

LPガス販売や石油製品販売、電力事業等幅広くエネルギー事業を展開。電力事業では、自社電源を保有。中期経営計画での2016年度の目標はROE（自己資本純利益率）9.0％以上。国際会計基準（IFRS）を適用。

15年度事業セグメント

(単位：億円, %)

	売上高	(構成比)	営業利益	(構成比)
ホームライフ	951	9	34	21
カーライフ	5,342	50	42	26
電力・ユーティリティ	435	4	44	27
エネルギートレード	3,989	37	38	23
その他	0	0	0	0
調整額	-	-	6	4
計	10,716	100	164	100

業績推移

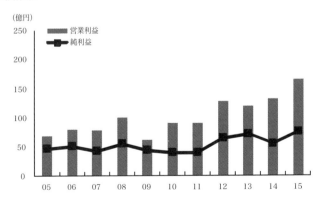

よくわかるエネルギー株

事業紹介

2016年度に事業セグメント区分が変更されました。新しい事業セグメントは、(1)ホームライフ部門、(2)電力・ユーティリティ部門、(3) カーライフ部門、(4) エネルギーイノベーション部門の四つです。

以下では、従来の2015年度の事業セグメント区分で紹介します。2015年度の事業セグメントは、ホームライフ事業、カーライフ事業、電力・ユーティリティ事業、エネルギートレード事業の四つでした。

ホームライフ事業

ホームライフ事業では、LPガスの販売や、スマートエネルギー機器（太陽光発電システム，家庭用燃料電池エネファーム）、家庭用リチウムイオン蓄電池の販売を行っています。また、子会社では、都市ガス(大分県中津市)、高圧ガス、灯油等の販売も行っています。

カーライフ事業

カーライフ事業では、ガソリン、灯油、軽油、重油等の石油製品の販売を行っています。また、自動車販売、自動車買取、自動車用潤滑油、自動車用品の販売、車検・整備等を行っています。

電力・ユーティリティ事業

電力・ユーティリティ事業では、電力販売、発電事業、蒸気の販売等を行っています。

158

エネルギートレード事業

エネルギートレード事業では、産業用エネルギー（ガソリン, 灯油, 軽油, 重油, LNG, 石炭）、アスファルト、高品位尿素水、船舶燃料油・潤滑油の販売、石油製品の輸出入および国内需給調整取引等を行っています。

15 年度業績について

国際会計基準を適用しています。

2015 年度の営業活動に関わる利益は 164 億円でした。営業活動に関わる利益を事業セグメント別にみると、ホームライフ事業 34 億円、カーライフ事業 42 億円、電力・ユーティリティ事業 44 億円、エネルギートレード事業 38 億円でした。

経営方針

中期経営計画『Moving 2016』（2015 ～ 2016 年度）では、次の 3 点を基本方針としています。

(1) 収益力の増強

(2) 長期成長戦略のためのタネ蒔き

(3) 組織力と基礎体力の増強

よくわかるエネルギー株

日本ガス (8174)

一言紹介

関東地方でLPガスと都市ガスの小売事業を行う。電力と都市ガスの分野で、東京電力エナジーパートナーとアライアンス。新たな成長分野として、ICT（情報通信技術）を活用したクラウドシステムを提供するプラットフォーマーを目指す。

15年度事業セグメント

(単位：億円，%)

	売上高	(構成比)	営業利益	(構成比)
LPガス事業	671	59	80	68
都市ガス事業	476	41	38	32
調整額	-	-	0	0
計	1,147	100	118	100

業績推移

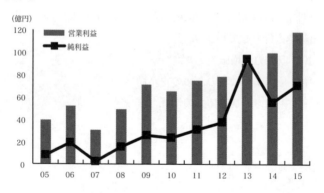

事業紹介

　主な事業セグメントは、LPガス事業と都市ガス事業です。国内事業の主な地域は関東地方です。海外事業の主な地域は、米国（テキサス州や北東部7州）とオーストラリアです。

LPガス事業

　LPガス事業では、LPガスの供給販売を行っています。

　LPガスの充填および配送業務の効率化をめざし、LPガスの物流を以下のように行っています。まず、LPガスの輸入基地に隣接するハブ基地（大規模集中充填工場）で、LPガスをボンベに集中的に充填し、充填済みのボンベを夜中にトレーラーで各地にまとめて運搬しています。そして、無人のデポステーションで小型配送車に積み替えて、需要家にLPガスボンベを配送しています。

　「雲の宇宙船」というクラウドシステムで管理している点も特徴です。

都市ガス事業

　都市ガス事業では、都市ガスの供給販売を行っています。主に四つのグループ都市ガス会社（東彩ガス，東日本ガス，新日本瓦斯，北日本ガス）があり、都市ガスの供給地域は、埼玉県、千葉県、茨城県、栃木県にあります。

　2016年5月9日に、東京電力エナジーパートナーと都市ガス売買に関する基本契約を締結し、2017年4月から東京電力エナジーパートナーから都市ガスの卸供給を受ける予定です。

よくわかるエネルギー株

15年度業績について

2015年度（2016年3月期）の営業利益は118億円でした。営業利益を事業セグメント別にみると、LPガス事業が80億円、都市ガス事業が38億円で、LPガスの利益寄与の方が大きいです。

経営方針

経営方針は、エネルギー小売事業とB to BビジネスへのICTの展開を目指しています。

エネルギー小売事業については、LPガスを中心に、都市ガスと電力の小売を行っています。今後、総合エネルギー事業として、電力ガス全面自由化のなかでの大きな成長を目指しています。

ICT事業については、進化したクラウドシステムを提供するプラットフォーマーを目指しています。これは、B to Bビジネスにすることを目指しています。

第5章 主要銘柄を紹介

東京電力ホールディングス(9501)

一言紹介

主な電力供給地域は、東京等の関東地方。電力販売量シェアは第1位。福島への責任を果たす使命と企業価値の最大化の達成を目指す。注目点は、新潟県の柏崎刈羽原子力発電所の再稼働に向けた動向。

15年度事業セグメント

(単位：億円，%)

	売上高	(構成比)	営業利益	(構成比)
フュエル&パワー	575	1	3,339	90
パワーグリッド	1,813	3	1,461	39
カスタマーサービス	57,767	95	1,064	29
コーポレート	543	1	▲2,147	▲58
調整額	-	-	5	0
計	60,699	100	3,722	100

業績推移

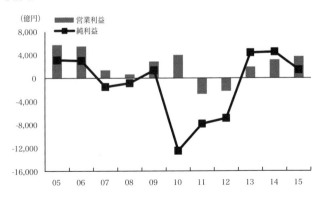

よくわかるエネルギー株

東京電力の発電能力の内訳

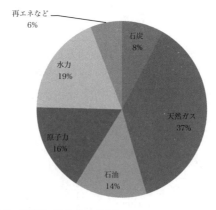

出所：会社資料に基づきMUMSS作成。
注：2015年度末，他社受電分を含む。

事業紹介

電力の主な供給エリアは、東京等の関東地方です。

2015年度の販売電力量は2,471億kWh（キロワット時）です。電力10社のなかで、販売電力シェアは31％（電力10社のうち，販売シェア第1位）です。販売電力量の内訳は、特定規模需要が1,481億kWh（構成比60％）、特定規模需要以外の需要が990億kWh（同40％）です。この販売電力量の内訳構成比は、電力10社平均（特定規模需要62％，特定規模需要以外の需要38％）と、ほぼ同水準です。

なお、この販売電力量の内訳は、2016年4月実施の電力小売全面自由化前の分類です。特定規模需要とは、主に工場やビル等の大口需要家への販売電力量のことです（契約電力が原則50kW（キロワット）以上の需要）。また、特定規模需要以外の需要とは、主に

第5章　主要銘柄を紹介

家庭等の小口需要への販売電力量のことです。

　発電能力（他社受電を含む）は 8,290 万 kW（2015 年度末）です。発電能力の内訳は、天然ガス火力 37%、水力 19%、原子力 16%、石油火力 14%、石炭火力 8%、再生可能エネルギー等 6% です。天然ガス火力の構成比が高いことが特徴になっています。原子力発電所は、柏崎刈羽原子力発電所（新潟県）と福島第 2 原子力発電所（福島県）の 2 ヵ所です。

　電力会社の発電能力を考えるときには、自社分の発電所に加えて、他社受電の発電能力も含めて、計算する場合があります。他社受電とは、自社の発電所以外の発電所から電力を調達することを示しています。自社以外の発電所には、例えば、他の電力会社の発電所や共同出資をしている発電所、公営水力発電所、住宅用太陽光発電の再生可能エネルギーの発電所等があります。なお、発電能力（自社分）は合計 6,680 万 kW（2015 年度末）です。

ホールディングカンパニー制を採用

　2016 年 4 月からホールディングカンパニー制に移行しました。持ち株会社は、東京電力ホールディングスです。主な三つの事業会社は、東京電力フュエル＆パワー（燃料・火力発電事業会社）、東京電力パワーグリッド（一般送配電事業会社）、東京電力エナジーパートナー（小売電気事業会社）です。

　以下では、2016 年度第 1Q 決算短信に基づいて、事業セグメント区分を紹介します。2016 年度の事業セグメントは、ホールディングス、フュエル＆パワー、パワーグリッド、エナジーパートナーの四つに分かれています。

165

よくわかるエネルギー株

ホールディングス

　ホールディングスの主な事業は、経営サポート、各基幹事業会社への共通サービスの提供です。さらに、ホールディングスでは、水力発電による電力販売と原子力発電を行っています。

フュエル＆パワー

　フュエル＆パワーの主な事業は、燃料・火力発電事業です。具体的には、火力発電による電力の販売、燃料の調達、火力電源の開発、燃料事業への投資等です。

　この事業セグメントでは、JERAが重要な役割を担っています。JERAは、東京電力フュエル＆パワー（出資比率50％）と中部電力（9502）（同50％）によって、設立された会社です。JERAの目的は、両社の燃料上流・調達から発電までのサプライチェーン全体に係る包括的アライアンスを実施することです。JERAの主な事業は、燃料上流事業（ガス田等）、LNGや発電用石炭等の燃料調達事業、燃料輸送事業、燃料トレーディング事業、国内火力発電所の新設・リプレース事業、海外発電・エネルギーインフラ事業です。

パワーグリッド

　パワーグリッドの主な事業は、一般送配電事業です。具体的には、送電・変電・配電による電力の供給、送配電・通信設備の建設・保守、設備土地・建設等の調査・取得・保全等を行っています。

エナジーパートナー

　エナジーパートナーの主な事業は、電力小売事業です。電力小

第5章　主要銘柄を紹介

売全面自由化のなかで、安価な電力供給、充実した顧客へのサービス提供等が求められています。

15 年度業績について

2015 年度の経常利益は 3,259 億円でした。ただし、燃料費調整制度によるタイムラグ影響は差益 3,650 億円ですので、タイムラグ影響を除く実質ベースの経常損失は 391 億円と赤字でした。

2015 年度の営業利益(3,722 億円)の事業セグメント別の内訳は、フュエル＆パワー 3,339 億円、パワーグリッド 1,461 億円、カスタマーサービス 1,064 億円、コーポレート▲2,147 億円(営業損失)でした。2015 年度決算の事業区分はホールディングカンパニーが導入される前のものです。

経営方針

東京電力グループは、福島原子力事故の責任を全うし、世界最高水準の安全確保と競争のもとでの安定供給をやり抜くことを使命としています。

経営方針は、新・総合特別事業計画を中核に、アクション・プランを作成しています。新・総合特別事業計画は、筆頭株主である原子力損害賠償・廃炉等支援機構とともに策定し、2014 年 1 月 15 日に日本政府の認定を受けました。

2016 年 1 月現在、報道によると、新たな総合特別事業計画を策定中です。

167

よくわかるエネルギー株

中部電力 (9502)

一言紹介

主な電力供給エリアは、名古屋等の中部地域。電力販売量シェアは第3位。発電分野で東京電力と共同でJERAを設立。今後の注目点は、JERAの動向と静岡県にある浜岡原子力発電所の再稼働に向けた進捗。

15年度事業セグメント

(単位:億円, %)

	売上高	(構成比)	営業利益	(構成比)
電気	25,710	90	2,551	90
エネルギー	874	3	129	5
その他	1,957	7	178	6
調整額	-	-	▲8	0
計	28,540	100	2,850	100

業績推移

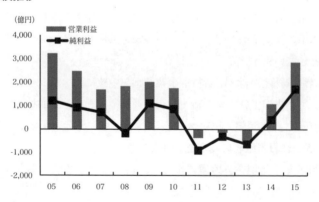

中部電力の発電能力の内訳

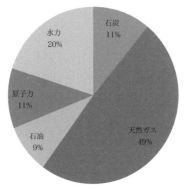

出所:会社資料に基づきMUMSS作成。
注:2015年度末,他社受電分を含む。

事業紹介

主な事業セグメントは、電気事業とエネルギー事業です。営業利益の大半は、電気事業で稼いでいます。2016年4月にカンパニー制を導入しました。カンパニーの区分は、発電、電力ネットワーク、販売の三つです。

電気事業

電力の主な供給エリアは、名古屋等の中部地域です。

2015年度の販売電力量は1,220億kWh(キロワット時)です。電力10社のなかで、販売電力シェアは15%(電力10社のうち,販売シェア第3位)です。販売電力量の内訳は、特定規模需要が837億kWh(構成比69%)、特定規模需要以外の需要が382億kWh(同31%)です。販売電力量の内訳の構成比は、電力10社平均に比べて、大口需要家向けの特定規模需要の構成比が高いこ

169

とが特徴です。

発電能力（自社分）は合計 3,317 万 kW（ｷﾛﾜｯﾄ）（2015 年度末）です。

発電能力（他社受電を含む）（2015 年度末）の内訳は、天然ガス火力 49%、水力 20%、原子力 11%、石炭火力 11%、石油火力 9%です（2015 年度末）。天然ガス火力の発電能力の比率が高いことが特徴です。

原子力発電所は浜岡原子力発電所（静岡県）の 1 ヵ所です。

東京電力ホールディングスと同様に、中部電力にとっても、JERA が重要な役割を担っています。JERA については、東京電力ホールディングスのページを参照してください。

エネルギー事業

エネルギー事業では、ガス・LNG の販売やオンサイトエネルギーサービス等を提供しています。

15 年度業績について

2015 年度の経常利益は 2,556 億円でした。燃料費調整制度によるタイムラグ影響は差益 1,250 億円でしたので、タイムラグ影響を除く実質ベースの経常利益は 1,306 億円でした。

2015 年度の営業利益(2,850 億円)の事業セグメント別の内訳は、電気事業 2,551 億円、エネルギー事業 129 億円、その他事業 178 億円、調整額▲8 億円（営業損失）でした。電気事業が大半の営業利益を稼いでいます。

経営方針

　経営ビジョン（2016年2月公表）における中期目標は、2018年度までに連結経常利益1,500億円以上を実現できる企業グループを目指すことです。このためには、次の四つの重点的な取り組みを実施する方針です。

　(1) 浜岡原子力発電所の安全性をより一層高める取り組み

　(2) 新たな時代の安定供給に向けた取り組み

　(3) 成長の加速に向けた取り組み

　(4) 環境変化に即応できる事業体制の構築に向けた取り組み

よくわかるエネルギー株

関西電力 (9503)

一言紹介

　主な電力供給地域は、大阪等の関西地方。電力販売量シェアは第2位。原子力発電所は、福井県に美浜、大飯、高浜の3ヵ所。今後の注目点は、原子力発電所の安定稼働に向けた取り組みと電力および都市ガスの販売量の拡大。

15年度事業セグメント

(単位：億円, %)

	売上高	(構成比)	営業利益	(構成比)
電気	27,958	86	1,987	77
情報通信	1,748	5	174	7
その他	2,753	8	391	15
調整額	-	-	16	1
計	32,459	100	2,567	100

業績推移

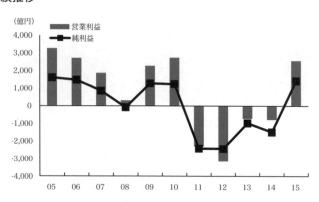

第 5 章　主要銘柄を紹介

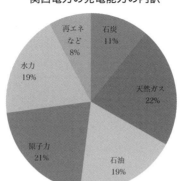

関西電力の発電能力の内訳

出所：会社資料に基づき MUMSS 作成。
注：2015 年度末，他社受電分を含む。

事業紹介

　主な事業セグメントは、電気事業、情報通信事業、その他です。

電気事業

　電力の主な供給エリアは、大阪等の関西地域です。

　2015 年度の販売電力量は 1,275 億 kWh（キロワット時）です。電力 10 社のなかで、販売電力シェアは 16％（電力 10 社のうち、販売シェア第 2 位）です。販売電力量の内訳は、特定規模需要が 782 億 kWh（構成比 61％）、特定規模需要以外の需要が 493 億 kWh（同 39％）です。販売電力量の内訳の構成比は、電力 10 社平均とほぼ同じです。

　発電能力（他社受電を含む）は合計 4,637 万 kW（2015 年度末）です。発電能力（他社受電を含む）の内訳は、天然ガス火力 22％、原子力 21％、水力 19％、石油火力 19％、石炭火力 11％、

173

よくわかるエネルギー株

再生可能エネルギーなど8%です。天然ガス火力と原子力の比率が高いことが特徴です。

原子力発電所は、美浜原子力発電所（福井県）、大飯原子力発電所（福井県）、高浜原子力発電所（福井県）の3ヵ所です。

情報通信事業

情報通信事業では、インターネット接続サービス等の電気通信事業、電気通信設備の賃貸等を行っています。

その他事業

その他事業は、総合エネルギーや生活アメニティ（不動産等）です。

15年度業績について

2015年度の経常利益は2,417億円でした。

2015年度の営業利益(2,567億円)の事業セグメント別の内訳は、電気事業1,987億円、情報通信事業174億円、その他事業391億円、調整額16億円でした。電気事業が営業利益の大半を稼いでいます。

経営方針

中期経営計画（2016年4月発表）は、2025年度の目指す姿を掲げ、2016〜2018年度の実行計画を示しています。

2025年度の財務目標は、経常利益3,000億円、自己資本比率30%程度、ROA（総資産利益率）4.0%です。

経常利益目標3,000億円の事業別内訳は、総合エネルギー事業・

第 5 章　主要銘柄を紹介

送配電事業 2,000 億円以上、グループサポート事業 200 億円、不動産・暮らし事業 300 億円、情報通信事業 300 億円、国際事業 300 億円です。電気事業だけでなく、海外やグループ事業でも稼ぐバランスのとれた事業ポートフォリオを目指しています。

2025 年度の目指す姿の実現に向けた取り組みは次の 3 点です。

・総合エネルギー事業の競争力強化（営業戦略や電源競争力の強化，ガス事業の積極展開等）
・新たな成長の柱の確立（国際事業，情報通信，不動産等のグループ事業の成長等）
・グループ基盤の強化（盤石な送配電事業の推進，組織・ガバナンス改革，人材基盤の強化等）

よくわかるエネルギー株

中国電力 (9504)

一言紹介

主な電力供給地域は、広島等の中国地方。電力販売シェアは電力10社中7％。島根県に島根原子力発電所がある。今後の注目点は、島根原子力発電所2号機の再稼働と同3号機の運転開始に向けた取り組み。

15年度事業セグメント

(単位：億円, %)

	売上高	(構成比)	営業利益	(構成比)
電気	11,136	90	387	77
総合エネルギー供給	421	3	36	7
情報通信	276	2	46	9
その他	483	4	42	8
調整額	-	-	▲11	▲2
計	12,316	100	500	100

業績推移

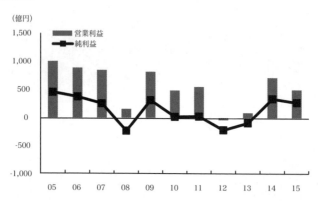

第 5 章　主要銘柄を紹介

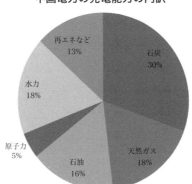

中国電力の発電能力の内訳

出所：会社資料に基づき MUMSS 作成。
注：2015 年度末，他社受電分を含む。

事業紹介

　主な事業セグメントは、電気事業、総合エネルギー供給事業、情報通信事業です。

電気事業

　主な電力供給地域は、広島等の中国地方です。

　2015 年度の販売電力量は 567 億 kWh（キロワット時）です。電力 10 社のなかで、販売電力シェアは 7％です。販売電力量の内訳は、特定規模需要が 369 億 kWh（構成比 65％）、特定規模需要以外の需要が 198 億 kWh（同 35％）です。販売電力量の内訳の構成比は、電力 10 社平均よりも特定規模需要の比率が高いことが特徴です。

　発電能力（他社受電を含む）は合計 1,755 万 kW（キロワット）（2015 年度末）です。発電能力（他社受電を含む）の内訳は、石炭火力 30％、天然ガス 18％、水力 18％、石油火力 16％、再生可能エネ

177

ルギーなど13%、原子力5%です。石炭火力の発電能力の比率が高いことが特徴です。

原子力発電所は、島根原子力発電所（島根県）の1ヵ所です。島根原子力発電所3号機を建設中です。

総合エネルギー供給事業

総合エネルギー事業では、LNG等の燃料販売や電気・熱販売等エネルギー利用サービスを提供しています。

情報通信事業

情報通信事業では、ICT（情報通信技術）を活用した電気通信サービス、情報処理サービスの提供を行っています。

15年度業績について

2015年度の経常利益は392億円でした。

2015年度の営業利益（500億円）の事業別セグメントは、電気事業387億円、総合エネルギー供給事業36億円、情報通信事業46億円、その他事業42億円、調整額▲11億円（営業損失）でした。大半の営業利益は電気事業です。

経営方針

グループ経営ビジョン（2016年1月発表）によると、2020年代を展望した目指す企業グループ像は、地域で選ばれて、地域をこえて成長する企業グループです。

2020年代のできるだけ早い時期に次の二つの目標の実現を目指すとしています。

第5章　主要銘柄を紹介

・東日本大震災前を上回る利益水準（連結経常利益 600 億円
　以上／年）を安定的に確保すること
・健全な事業運営に必要な経営基盤として、まずは東日本
　大震災前の水準（連結自己資本比率 25％程度）を確保する
　こと

よくわかるエネルギー株

北陸電力 (9505)

一言紹介

主な電力供給地域は、富山や金沢等の北陸地方。電力販売シェアは電力10社中4%。石川県に志賀原子力発電所がある。今後の注目点は、志賀原子力発電所2号機の再稼働に向けた取り組み。

15年度事業セグメント

(単位：億円, %)

	売上高	(構成比)	営業利益	(構成比)
電気	4,924	90	291	76
その他	522	10	89	23
調整額	-	-	1	0
計	5,446	100	381	100

業績推移

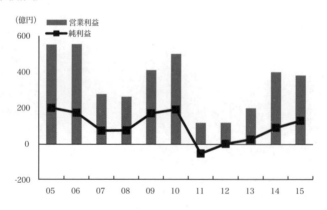

北陸電力の発電能力の内訳

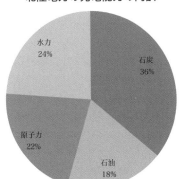

出所:会社資料に基づきMUMSS作成。
注:2015年度末,自社設備。

事業紹介

主な事業セグメントは、電気事業とその他です。

電気事業

電力の主な供給エリアは、富山等の北陸地域です。

2015年度の販売電力量は275億kWh(キロワ時)です。電力10社のなかで、販売電力シェアは4%です。販売電力量の内訳は、特定規模需要が183億kWh(構成比66%)、特定規模需要以外の需要が93億kWh(同34%)です。販売電力量の内訳の構成比は、電力10社平均よりも特定規模需要の比率が高いことが特徴です。

発電能力(自社分)は合計807万kW(キロワ)(2015年度末)です。発電能力(自社分)の内訳は、石炭火力36%、水力24%、原子力22%、石油火力18%です。石炭火力と水力の発電能力の比率が高いことが特徴です。

原子力発電所は、志賀原子力発電所（石川県）の1ヵ所です。

その他事業

その他事業には、電力設備等の保守、電力関連施設の運営・管理等があります。

15年度業績について

2015年度（2016年3月期）の経常利益は280億円でした。

2015年度の営業利益（381億円）の事業別セグメントは、電気事業291億円、その他事業89億円、調整額1億円でした。

経営方針

2016年度の北陸電力グループの取り組み（2016年3月発表）によると、主な経営方針は、安定供給を確保すること、競争力を高めること、電力システム改革に適応すること、グループ全体の収益性を高めること、経営基盤を支える取り組みを徹底することです。

第5章 主要銘柄を紹介

東北電力 (9506)

一言紹介

主な電力供給地域は、仙台等の東北地方。電力販売シェアは電力10社のなかで9%（第5位）。宮城県に女川原子力発電所があり、青森県に東通原子力発電所がある。今後の注目点は、原子力発電所の再稼働に向けた取り組み。

15年度事業セグメント

(単位：億円，%)

	売上高	(構成比)	営業利益	(構成比)
電気事業	18,533	88	1,577	83
建設業	1,438	7	180	9
その他	985	5	153	8
調整額	-	-	▲12	▲1
計	20,956	100	1,898	100

業績推移

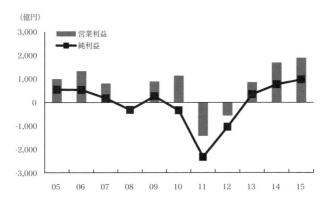

183

よくわかるエネルギー株

東北電力の発電能力の内訳

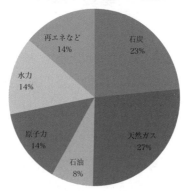

出所：会社資料に基づき MUMSS 作成。
注：2015 年度末，他社受電分を含む。

事業紹介

主な事業セグメントは、電気事業、建設業、その他事業です。

電気事業

電力の主な供給エリアは、仙台等の東北地域です。

2015 年度の販売電力量は 751 億 kWh（キロワット時）です。電力 10 社のなかで、販売電力シェアは 9％（第 5 位）です。販売電力量の内訳は、特定規模需要が 478 億 kWh（構成比 64％）、特定規模需要以外の需要が 273 億 kWh（同 36％）です。販売電力量の内訳の構成比は、電力 10 社平均とほぼ同水準です。

発電能力（他社受電を含む）は合計 2,552 万 kW（キロワット）（2015 年度末）です。発電能力（他社受電を含む）の内訳は、天然ガス火力 27％、石炭火力 23％、原子力 14％、水力 14％、再生可能エネルギーなど 14％、石油火力 8％です。天然ガス火力と石炭火力

の発電能力の比率が高いことが特徴です。

　原子力発電所は、女川原子力発電所（宮城県）と東通原子力発電所（青森県）の2ヵ所です。

建設業

　建設業では、電気・通信・土木・建築工事及び電力供給設備の設計・製作等や、環境保全に関する調査・測量・測定分析等を行っています。

その他事業

　その他事業には、ガス事業、情報通信事業、電力供給設備等の資機材の製造・販売等があります。

15年度業績について

　2015年度の経常利益は1,526億円でした。

　営業利益（1,898億円）の事業別セグメントは、電気事業1,577億円、建設業180億円、その他事業153億円、調整額▲12億円（営業損失）でした。

経営方針

　「東北電力グループ中期経営方針」（2017年1月31日発表）によると、2017〜2020年度は、成長に向けた変革期です。定量目標は、次の3点です。

　　・販売電力量（域外・卸売を含んだ分）：2015年度よりも35億kWh増加（2015年度の域内販売電力量751億kWh）

　　・海外発電事業持分出力：2020年度60万kW（2015年度20

よくわかるエネルギー株

万 kW)

・販売ガス量：45 万 t（トン）（2105 年度 34 万 t）

　財務目標は、2020 年度までに自己資本比率（連結）25％以上（将来的には 30％）を掲げています。なお、2015 年度の自己資本比率は 15.2％でした。

第5章 主要銘柄を紹介

四国電力 (9507)

一言紹介

主な電力供給地域は、高松等の四国地方。電力10社のなかで、販売電力シェアは3%。愛媛県に伊方原子力発電所がある。今後の注目点は、伊方原子力発電所3号機の安定稼働に向けた取り組みと電力販売量の拡大。

15年度事業セグメント

(単位：億円, %)

	売上高	(構成比)	営業利益	(構成比)
電気	5,742	88	117	47
情報通信	234	4	35	14
その他	563	9	102	41
調整額	-	-	▲6	▲2
計	6,540	100	247	100

業績推移

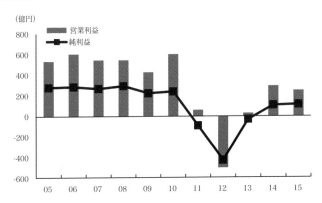

よくわかるエネルギー株

四国電力の発電能力の内訳

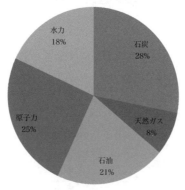

出所：会社資料に基づきMUMSS作成。
注：2015年度末，他社受電分を含む。

事業紹介

主な事業セグメントは、電気事業、情報通信事業、その他事業です。

電気事業

主な電力供給地域は、高松等の四国地方です。

2015年度の販売電力量は258億kWh（キロワット時）です。電力10社のなかで、販売電力シェアは3％です。販売電力量の内訳は、特定規模需要が153億kWh（構成比59％）、特定規模需要以外の需要が105億kWh（構成比41％）です。販売電力量の内訳の構成比は、電力10社平均と比べて、特定規模需要の比率が低いことが特徴です。

発電能力（他社受電を含む）は合計811万kW（キロワット）（2015年度末）です。発電能力（他社受電を含む）の内訳は、石炭火力

28％、原子力 25％、石油火力 21％、水力 18％、天然ガス火力 8％
です。石炭火力の発電能力の比率が高いことが特徴です。

　原子力発電所は、伊方原子力発電所 (愛媛県) の 1 ヵ所です。

情報通信事業

　情報通信事業は、個人向け光サービス、法人向け通信サービス、
有線ハイビジョン放送等です。

その他事業

　その他事業は、建設・エンジニアリング事業等です。

15 年度業績について

　2015 年度の経常利益は 220 億円でした。

　営業利益 (247 億円) の事業別セグメントは、電気事業 117 億円、
情報通信事業 35 億円、その他事業 102 億円、調整額▲6 億円 (営
業損失) でした。

経営方針

　『よんでんグループ中期経営計画 2020』(2016 年 9 月 30 日発表)
によると、経営方針は、収益力の変革に向け、電力供給基盤の強
化および顧客基盤の強化を通じた「電気事業における収益基盤の
さらなる強化」により、強みを活かして安定収益を確保するとと
もに、市場エリアの拡大、ビジネス領域の伸長およびサービスの
融合への挑戦を通じた「次なる成長エンジンの創出・育成」により、
将来の収益源となる新たな価値を作り出すことです。

　定量的な経営目標は次の 3 点です。

よくわかるエネルギー株

・2020年度のROA（総資産利益率）3％程度
・2020年度末の自己資本比率25％以上
・5ヵ年累計（2016〜2020年度）の営業キャッシュ・フロー
　5,200億円以上

第5章　主要銘柄を紹介

九州電力（9508）

一言紹介

主な電力供給地域は、福岡等の九州地方。電力販売シェアは電力10社中10%（第4位）。鹿児島県に川内原子力発電所があり、佐賀県に玄海原子力発電所がある。今後の注目点は、原子力発電所の安定稼働に向けた動向。

15年度事業セグメント

（単位：億円，%）

	売上高	（構成比）	営業利益	（構成比）
電気	16,883	92	962	80
エネルギー関連	642	3	109	9
情報通信	693	4	103	9
その他	138	1	43	4
調整額	-	-	▲14	▲1
計	18,357	100	1,203	100

業績推移

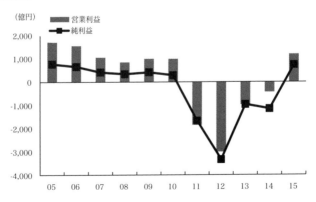

よくわかるエネルギー株

九州電力の発電能力の内訳

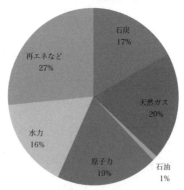

出所：会社資料に基づき MUMSS 作成。
注：2015 年度末，他社受電分を含む。

事業紹介

主な事業セグメントは、電気事業、エネルギー関連事業、情報通信事業、その他の事業です。

電気事業

主な電力供給地域は、福岡等の九州地方です。

2015 年度の販売電力量は 792 億 kWh（キロワ時）です。電力 10 社のなかで、販売電力シェアは 10%（第 4 位）です。販売電力量の内訳は、特定規模需要が 464 億 kWh（構成比 59%）、特定規模需要以外の需要が 328 億 kWh（同 41%）です。販売電力量の内訳の構成比は、電力 10 社平均と比べて、特定規模需要の比率が低いことが特徴です。

発電能力（他社受電を含む）は合計 2,439 万 kW（キロワ）（2015 年度末）です。発電能力（他社受電を含む）の内訳は、再生可能

エネルギーなど27%、天然ガス火力20%、原子力19%、石炭火力16%、水力16%、石油火力1%です。再生可能エネルギー発電と天然ガス火力の発電能力の比率が高いことが特徴です。原子力発電所は、玄海原子力発電所(佐賀県)と川内原子力発電所(鹿児島県)の2ヵ所です。

エネルギー関連事業

エネルギー関連事業では、LNGの受入・貯蔵・気化・送出及び販売、再生可能エネルギー事業等を行っています。

情報通信事業

情報通信事業では、電気通信回線の提供、電気通信機器製造販売・工事及び保守、情報システム開発・運用及び保守等を行っています。

15年度業績について

2015年度の経常利益は909億円でした。

2015年度の営業利益(1,203億円)の事業別セグメントは、電気事業962億円、エネルギー関連事業109億円、情報通信事業103億円、その他事業43億円、調整額▲14億円(営業損失)でした。

経営方針

『九州電力グループ中期経営方針』(2015年4月30日発表)によると、成長事業の2030年度の目標は以下の通りです。

・海外電気事業(発電事業持分出力)が2030年500万kW(2015年150万kW)

よくわかるエネルギー株

・九州域外電気事業（電源開発量）が 2030 年 200 万 kW（2015
　年なし）
・再生可能エネルギー事業（開発量）が 2030 年 400 万 kW
　（2015 年 150 万 kW）

第5章 主要銘柄を紹介

北海道電力 (9509)

一言紹介

主な電力供給地域は、札幌等の北海道。電力販売シェアは電力10社のなかで4%。北海道に、泊原子力発電所がある。今後の注目点は、泊原子力発電所の再稼働に向けた動向や販売電力量の拡大への取り組み。

15年度事業セグメント

(単位:億円, %)

	売上高	(構成比)	営業利益	(構成比)
電気	6,941	96	361	84
その他	300	4	63	15
調整額	-	-	7	2
計	7,241	100	431	100

業績推移

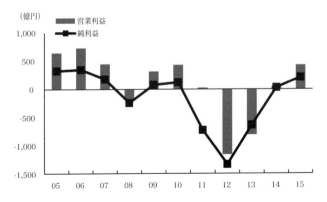

よくわかるエネルギー株

北海道電力の発電能力の内訳

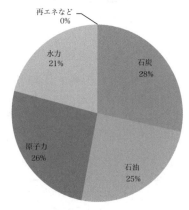

出所：会社資料に基づきMUMSS作成。
注：2015年度末，自社分のみ。

事業紹介

主な事業セグメントは、電気事業とその他事業です。

電気事業

電力の主な供給エリアは、札幌等の北海道です。

2015年度の販売電力量は286億kWh（キロワッ時）です。電力10社のなかで、販売電力シェアは4％。販売電力量の内訳は、特定規模需要が151億kWh（構成比54％）、特定規模需要以外の需要が134億kWh（同46％）です。販売電力量の内訳の構成比は、電力10社平均と比べて、特定規模需要の比率が低いことが特徴です。

発電能力(自社分)は合計796万kW(キロワッ)(2015年度末)です。発電能力(自社分)の内訳は、石炭火力28％、原子力26％、石油

火力 25％、水力 21％です。石炭火力と原子力の発電能力の比率が高いことが特徴です。

原子力発電所は泊原子力発電所（北海道）の 1 ヵ所です。

その他事業

その他事業には、電気・電気通信工事、建物の総合管理、土木・建築工事、発電所の定期点検・保守・補修工事等が含まれています。

15 年度業績について

2015 年度の経常利益は 281 億円でした。

2015 年度の営業利益（431 億円）の事業別セグメントは、電気事業 361 億円、その他事業 63 億円、調整額 7 億円でした。

経営方針

2016 年度経営計画によると、2018 年度までに目指す姿に向けた取り組み事項は以下の通りです。

- ・経営の早期安定化に向けた取り組み（泊原子力発電所の早期再稼働と安全性向上に向けた取り組み，収支改善・財務基盤の強化）
- ・収益拡大に資する成長戦略の展開
- ・事業基盤の強化に向けた取り組み

よくわかるエネルギー株

沖縄電力 (9511)

一言紹介

主な電力供給地域は、那覇等の沖縄県。電力販売シェアは電力10社のなかで1％。沖縄の人口増加や観光客増加が追い風。今後の注目点は、吉ノ浦ガス火力発電所の活用と電気と都市ガス(天然ガス)の販売拡大。

15年度事業セグメント

(単位：億円，％)

	売上高	(構成比)	営業利益	(構成比)
電気	1,732	95	56	77
その他	91	5	19	26
調整額	-	-	▲2	▲3
計	1,823	100	72	100

業績推移

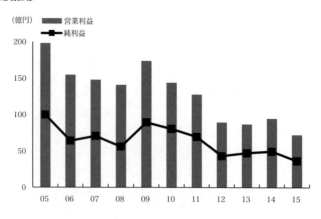

第 5 章 主要銘柄を紹介

沖縄電力の発電能力の内訳

出所：会社資料に基づき MUMSS 作成。
注：2015 年度末，他社受電分を含む。

事業紹介

主な事業セグメントは、電気事業とその他事業です。

電気事業

電力の主な供給エリアは、那覇等の沖縄県です。

2015 年度の販売電力量は 77 億 kWh（キロワ時）です。電力 10 社のなかで、販売電力シェアは 1％です。販売電力量の内訳は、特定規模需要が 13 億 kWh（構成比 17％）、特定規模需要以外の需要が 64 億 kWh（構成比 83％）です。販売電力量の内訳の構成比は、電力 10 社平均と比べて、特定規模需要の比率がとても低いことが特徴です。

発電能力（他社受電を含む）は合計 247 万 kW（キロワ）（2015 年度末）です。他社受電を含む発電能力の内訳は、石炭火力 43％、石油火力 35％、天然ガス火力 22％です。石炭火力の発電能力の

199

よくわかるエネルギー株

比率が高いことが特徴です。

原子力発電所はありません。

その他事業

その他事業には、土木・建築・電気・管・電気通信工事の施工、電力設備工事の施工及び保守点検等の事業が含まれています。

15 年度業績について

2015 年度の経常利益は 52 億円でした。

2015 年度の営業利益（72 億円）の事業別セグメントは、電気事業 56 億円、その他事業 19 億円、調整額▲2 億円（営業損失）でした。

経営方針

『沖電グループの中長期成長戦略』（2016 年 4 月 28 日発表）によると、重点的な取り組みは、(1) 総合エネルギーサービスの積極的な展開（電気・ガスの販売拡大）、(2) コスト構造の抜本的な改革の 2 点です。

2020 年度の財務目標は、経常利益 90 億円、ROE（自己資本純利益率）4％以上、自己資本比率 30％台を維持です。

また、2025 年度の財務目標は、経常利益 120 億円、ROE5％以上、自己資本比率 30％台を維持です。

第5章 主要銘柄を紹介

電源開発 (9513)

一言紹介

主力事業は、卸電気事業。主な発電所は石炭火力と水力。海外発電事業を積極的に展開。青森県に大間原子力発電所を建設中。今後の注目点は、既存の石炭火力発電所の収益性向上と新規の石炭火力発電所の建設動向。

15年度事業セグメント

(単位：億円，%)

	売上高	(構成比)	経常利益	(構成比)
電気	5,708	73	317	55
電力周辺	320	4	145	25
海外	1,560	20	115	20
その他	213	3	8	1
調整額	-	-	▲5	▲1
計	7,801	100	580	100

業績推移

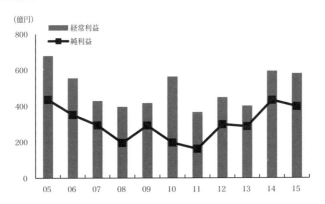

よくわかるエネルギー株

電源開発の発電能力の内訳

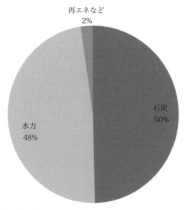

出所:会社資料に基づきMUMSS作成。
注:2015年度末。

事業紹介

主な事業セグメントは、電気事業、電力周辺事業、海外事業、その他の事業です。

電気事業

電気事業では、石炭火力発電所や水力発電所を保有し、電力小売会社に電気を供給する卸電気事業を行っています。2015年度の卸電気事業の販売電力量は653億kWh(キロワッ時)(水力103億kWh、火力550億kWh)でした。

2016年8月末の石炭火力発電所の持分出力は全国合計852万kW(キロワッ)であり、水力発電所の持分出力は全国合計857万kWです。

電力周辺事業

電力周辺事業は、電力設備の設計・施工・点検保守・補修、燃料や石炭灰に関する港湾運用等です。

海外事業

海外における発電事業や海外におけるエンジニアリング・コンサルティング事業等を行っています。2016年8月末現在、タイ・米国・中国等の六つの国・地域で、持分出力630万kWの発電設備を保有しています。

その他の事業

その他の事業は、環境関連事業、情報通信事業、石炭等販売事業等です。

15年度業績について

2015年度の経常利益は580億円でした。経常利益の事業セグメント別の内訳は、電気事業317億円、電力周辺事業145億円、海外115億円、その他の事業8億円、調整額▲5億円（経常損失）でした。

経営方針

中期経営計画（2015年7月発表）では、次の六つの重点的な取り組みを設定しています。（1）高効率石炭火力の開発と次世代に向けた技術開発の促進。（2）自由化がもたらす競争環境への適応と設備信頼性の向上。（3）再生可能エネルギーの導入拡大。（4）安全を大前提とした大間原子力発電所の推進。（5）海外発電事業

よくわかるエネルギー株

の推進。(6) 事業の選別による資産効率の向上。

　発電設備の持分出力の目標（国内と海外の合計）は、2025年度3,000万kW（2016年8月末2,414万kW）です。このうち、海外持分出力は2025年度1,000万kW（2016年8月末630万kW）です。

　財務目標は、成長性指標として「J-POWER EBITDA」（＝営業利益＋減価償却費＋持分法投資損益）を採用しており、2025年度に、2014年比1.5倍程度に拡大としています（2014年度のEBITDAは1,818億円）。また、健全性指標として、「有利子負債÷J-POWER EBITDA」を採用しており、2025年度末に、2014年度末水準より改善としています（2014年度末実績9.5倍）。

第5章 主要銘柄を紹介

エフオン (9514)

一言紹介

主力事業は木質バイオマス発電事業。日本政府の固定価格買取制度(FIT制度)を活用。現在の木質バイオマス発電所は3基体制。新たに4基目の建設を目指す。2016年10月に商号をファーストエスコからエフオンに変更。

15年度事業セグメント

(単位：億円, %)

	売上高	(構成比)	営業利益	(構成比)
省エネルギー支援サービス	14	23	1	5
グリーンエナジー	48	77	14	95
計	62	100	15	100

業績推移

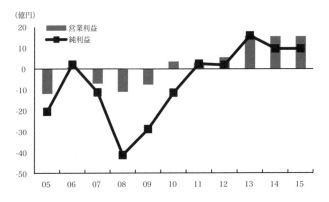

よくわかるエネルギー株

事業紹介

2016年10月にファーストエスコからエフオンに商号を変更しました。決算期は6月期決算です。主な事業セグメントは、省エネルギー支援サービス事業とグリーンエナジー事業です。

省エネルギー支援サービス事業

省エネルギー支援サービス事業では、顧客企業のエネルギー使用実態の調査・診断及び省エネルギー設備の施工・運用等を行っています。

グリーンエナジー事業

グリーンエナジー事業では、木質バイオマス等の新エネルギーによる発電を行っています。2016年9月現在、木質バイオマス発電所は、次の3ヵ所です。福島県の大信発電所〔発電能力11,500kW（ｷﾛﾜｯﾄ）〕、大分県の日田発電所（同12,000kW）、大分県の豊後大野発電所（同18,000kW）。

2016年6月29日に同社は栃木県における木質バイオマス発電事業の用地選定についてプレスリリースしました。計画では、栃木県壬生町に、発電能力18,000kWの壬生発電所（仮）を建設する予定です。

15年度業績について

2015年度（2016年6月期）の営業利益は15億円でした。営業利益の事業セグメント別の内訳は、省エネルギー支援サービス事業1億円、グリーンエナジー事業14億円です。グリーンエナジー事業が営業利益のほとんどを占めています。

経営方針

中期経営計画（2016 年 6 月 16 日発表）の最終年度は 2018 年度（2019 年 6 月期）です。2018 年度の財務目標は、連結売上高 100 億円、連結営業利益 27 億円です。

中期経営計画によると、当計画期間においては、引き続き木質バイオマス発電設備、および周辺分野に重点投資する方針です。木質バイオマス発電所については、現在は 3 基体制であり、4 号機の開発を目指しています。中期的に、木質バイオマス発電所 4 基機体制を実現し、これらを安定稼働させる体制を構築することが目標になっています。また、木質バイオマス関連分野への投資には、燃料設備（燃料製造設備，燃料ストレージ設備，燃料運搬システム等）、人的投資（人材育成等）、バイオマス周辺分野（森林資源調査や森林経営等）が挙げられています。

よくわかるエネルギー株

イーレックス(9517)

一言紹介

主な事業は電力小売と電源開発。電力小売の代理店方式による営業網が特徴。自社発電設備には固定価格買取制度（FIT制度）を活用したPKS（パーム椰子殻）を燃料とし発電を行う。中期経営計画では、売上高1,000億円、営業利益率10％を目指す。

業績推移

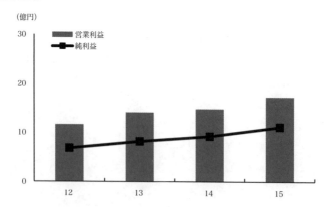

事業紹介

事業セグメントは電力事業のみです。以下では、電力小売、電力市場取引、電源開発の三つのサービスについて紹介します。

電力小売

官公庁や民間企業等の特別高圧・高圧分野の需要家に対して、

電力小売を行っています。電力の調達先は、連結子会社の発電所
や、外部の民間の発電所、日本卸電力市場（JEPX）等です。電力
小売では、代理店制度を特徴としています。

電力市場取引

電力の販売先および調達先として、JEPXを活用した電力市場
取引を行っています。JEPXからの電力の調達量は、仕入先発電
所の操業状態によって、異なってきます。また、JEPXへの電力
の販売量は、時間・曜日・季節・天候・経済情勢等の要因により、
変動しています。

電源開発

発電設備の企画・設計・施工・建設や発電等の電源開発を主
に以下の三つの方法で行っています。（1）他社発電所に関する生
産性向上提案と余剰電力の買取り。（2）他社発電所の購入及びリ
ニューアル。（3）同社独自での発電所の建設。

同社独自の発電設備については、バイオマス発電のENE土佐
発電所〔発電能力2.95万kW（キロワット）〕とENE佐伯発電所（同5
万kW）があります。両方とも、燃料はPKSです。

15年度業績について

2015年度の売上高は229億円、営業利益は17.2億円でした。

経営方針

2016年5月9日に発表された『中期経営計画（Dash1000）』の
経営目標は以下の通りです。売上高目標は4〜5年後に売上高

よくわかるエネルギー株

1,000億円、収益目標は売上高営業利益率10.0％、資本効率目標はROE（自己資本純利益率）20.0％、健全性目標は自己資本比率40.0％、配当目標は配当性向20.0％以上です。

中期経営計画の重点政策は、次の5点です。（1）競争力ある電源確保と収益重視の小売事業。（2）発電事業と卸売事業、小売事業の最適化。(3)燃料事業から需要家サービスへの垂直的展開。(4)アライアンス戦略としての水平展開。（5）組織体制の確立。

第5章 主要銘柄を紹介

東京ガス (9531)

一言紹介

東京等の関東地方を地盤とした都市ガス会社。都市ガス販売量シェアは第1位。経営方針であるチャレンジ2020ビジョンの実現に向けて、都市ガス拡販や電力事業（発電，電力小売）、海外事業を積極的に展開。

15年度事業セグメント

(単位：億円，%)

	売上高	(構成比)	営業利益	(構成比)
都市ガス	12,484	66	1,920	100
器具及びガス工事	1,977	10	9	0
その他エネルギー	3,412	18	293	15
不動産	95	1	51	3
その他	879	5	118	6
調整額	-	-	▲472	▲25
計	18,847	100	1,920	100

業績推移

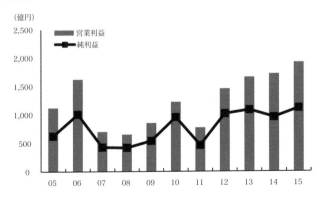

よくわかるエネルギー株

事業紹介

2016年度に、新しい事業セグメント区分になりました。主な事業セグメントは、都市ガス事業、電力事業、海外事業、エネルギー関連事業、不動産事業の五つです。

以下では、従来の2015年度の事業セグメント区分で説明します。

都市ガス事業

都市ガスの主な販売地域は、東京等の関東地方です。

2015年度の連結ガス販売量は154億㎥（立方㍍）です〔熱量は1㎥当たり45MJ（㍋㍎㍑）換算〕。用途別の構成比は、家庭用22%、業務用18%、工業用47%、他事業者向け14%です。

器具及びガス工事事業

器具及びガス工事事業では、ガス器具販売やガス工事を行っています。都市ガスの販売量拡大を支えるインフラに関する事業です。

その他エネルギー事業

その他エネルギー事業では、電力事業やLNG販売、LPガス販売、エネルギーサービスを行っています。

電力事業では、2016年3月末のグループ持分の発電能力を合計160万kW（㌔㍗）保有しています。

不動産事業

不動産事業では、土地及び建物の賃貸及び管理等を行ってい

212

第 5 章　主要銘柄を紹介

ます。

その他事業

　その他事業には、海外事業が含まれています。海外事業では、ガス田開発等の上流事業から、IPP 事業・エネルギーサービス・エンジニアリング事業等の中下流事業まで、行っています。

15 年度業績について

　2015 年度の営業利益は 1,920 億円でした。原料費調整制度によるタイムラグ影響の差益は 692 億円でしたので、タイムラグ影響を除く実質ベースの営業利益は 1,228 億円でした。

　2015 年度の営業利益(1,920 億円)を事業セグメント別にみると、都市ガス事業 1,920 億円、器具及びガス工事事業 9 億円、その他エネルギー事業 293 億円、不動産事業 51 億円、その他 118 億円、調整額▲472 億円（営業損失）でした。

経営方針

　経営の基本方針である『チャレンジ 2020 ビジョン』では、2015 〜 2017 年度はステップ期間に該当します。ステップ期間の主要施策は、総合エネルギー事業の進化、グローバル展開の加速、新たなグループフォーメーションの構築を掲げています。

　利益配分に関する基本方針は、配当金に加えて、消却を前提とした自社株取得を株主還元政策として位置付けています。総分配性向（連結当期純利益に対する配当と自社株取得の割合）の目標を 2020 年度に至るまで各年度 6 割程度としています。

　財務に関する 2020 年度の姿は、以下の通りです。

213

よくわかるエネルギー株

・連結営業キャッシュフロー 2,500 億円／年程度
・ROE（自己資本純利益率）8％程度
・ROA（総資産利益率）4％程度
・D／E レシオ（負債資本倍率）0.8 程度（各年度）

第5章　主要銘柄を紹介

大阪ガス (9532)

一言紹介

大阪等の関西圏を地盤とした都市ガス会社。都市ガス販売量シェアは第2位。都市ガス事業を中心に、電力事業（発電および電力小売）や海外事業、ライフ＆ビジネスソリューション事業等の事業領域の拡大を進める。

15年度事業セグメント

(単位：億円, %)

	売上高	(構成比)	営業利益	(構成比)
ガス	9,314	70	957	65
LPG・電力・その他エネルギー	2,044	15	298	20
海外エネルギー	168	1	43	3
ライフ＆ビジネスソリューション	1,693	13	179	12
調整額	-	-	▲10	▲1
計	13,220	100	1,467	100

業績推移

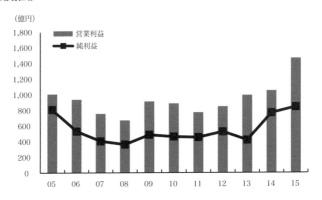

よくわかるエネルギー株

事業紹介

　主な事業セグメントは、ガス事業、LPG・電力・その他エネルギー事業、海外エネルギー事業、ライフ＆ビジネスソリューション事業の四つです。

ガス事業

　都市ガスの主な販売地域は、大阪等の関西地方です。

　2015 年度の個別ガス販売量は 80 億 m³（立方㍍）です〔熱量は 1 m³ 当たり 45MJ（㍋㌔㌦）換算〕。用途別の構成比は、家庭用 26％、工業用 51％、商業用 10％、公用・医療用 8％、他ガス事業者向け 6％です。

LPG・電力・その他エネルギー事業

　LPG・電力・その他エネルギー事業では、LPG 販売、電力事業、LNG 販売等を行っています。

　電力事業については、2016 年 3 月末の保有電源規模は約 290 万 kW（㌔㍗）（国内約 180 万 kW，海外約 110 万 kW）です。2015 年度の電力販売量は 85.0 億 kWh でした。2021 年 3 月末の保有電源規模の目標は約 600 万 kW として、国内外で新規の電源取得を積極的に取り組んでいます。

海外エネルギー事業

　海外エネルギー事業では、上流から下流まで海外でのエネルギービジネスを行っています。上流では、油田やガス田への出資から、天然ガスの液化プロジェクトに関わっています。また、海外での LNG 基地や電力事業、エネルギーサービス事業も行って

いきます。

ライフ＆ビジネスソリューション事業

　ライフ＆ビジネスソリューション事業では、材料ソリューション、都市開発、情報ソリューション等を行っています。材料ソリューションでは、ファインケミカルや炭素材料を扱っています。

15年度業績について

　2015年度の営業利益は1,467億円でした。原料費調整制度によるタイムラグ影響の差益は817億円でしたので、タイムラグ影響を除く実質ベースの営業利益は650億円でした。

　2015年度の営業利益(1,467億円)を事業セグメント別にみると、ガス事業957億円、LPG・電力・その他エネルギー事業298億円、海外エネルギー事業43億円、ライフ＆ビジネスソリューション事業179億円、調整額▲10億円（営業損失）です。

経営方針

　経営方針は、『長期経営ビジョン2030』と『中期経営計画2020』があります（両方とも2017年3月9日発表）。

　長期経営ビジョン2030では、連結経常利益を2030年度に2017年度の3倍程度にすることを目指し、海外事業をさらに成長させて2030年度には海外と国内の事業比率を1対2の割合にまで高めることを目指しています。

　2030年度に目指す姿の実現に向けた取り組みは以下の通りです。

　　・新時代のエネルギーマーケターとしての展開

よくわかるエネルギー株

- 海外エネルギー事業展開の加速
- LBS（ライフ＆ビジネスソリューション）事業の拡大と新領域の開発

2020年度を目標とする中期経営計画2020における経営指標は以下の通りです。

- 資産効率、資本効率の向上：2020年度には連結ROA（総資産利益率）3.5％、連結ROE（自己資本純利益率）7.0％、EBITDA（営業利益＋減価償却費＋のれん償却費＋持分法投資損益）2,000億円を目指す
- 株主還元：連結配当性向30％以上（短期的な利益変動要因を除く）
- 財務健全性の維持：自己資本比率50％程度、D／Eレシオ（負債資本倍率）比率0.7倍程度

第5章 主要銘柄を紹介

東邦ガス (9533)

一言紹介

名古屋を地盤とした都市ガス会社。都市ガス販売量シェアは第3位。自動車産業を中心に工業向けガス販売の比率が高い。LPガス販売事業も行う。名古屋市港区の「みなとアクルス」でスマートタウンの実現を目指す。

15年度事業セグメント

(単位：億円，％)

	売上高	(構成比)	営業利益	(構成比)
ガス	3,550	74	559	92
工事及び器具	347	7	1	0
LPG・その他エネルギー	679	14	20	3
その他	223	5	16	3
調整額	-	-	12	2
計	4,799	100	607	100

業績推移

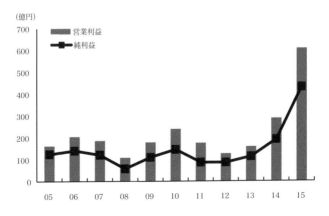

よくわかるエネルギー株

事業紹介

主な事業セグメントは、ガス事業、工事及び器具事業、LPG・その他エネルギー事業の三つです。

ガス事業

都市ガスの主な販売地域は、名古屋等の中京地方です。

2015年度のガス販売量は39億m³（立方㍍）です〔熱量は1m³当たり45MJ（㍉㌔㍑）換算〕。用途別の構成比は、家庭用19％、工業用61％、商業用7％、その他6％、他ガス事業者向け7％です。

工事及び器具事業

工事及び器具事業では、ガス供給のための配管工事やガス器具の販売を行っています。

LPG・その他エネルギー事業

LPG・その他エネルギー事業では、LPG販売、LPG機器販売、LNG販売、熱供給事業等を行っています。

15年度業績について

2015年度の営業利益は607億円でした。原料費調整制度によるタイムラグ影響の差益は390億円でしたので、タイムラグ影響を除く実質ベースの営業利益は217億円でした。

2015年度の営業利益（607億円）を事業セグメント別にみると、ガス事業559億円、工事及び器具事業1億円、LPG・その他エネルギー事業20億円、その他16億円、調整額12億円です。

第 5 章　主要銘柄を紹介

経営方針

　主な経営方針は、顧客との関係深化、安全・安心の確保、低廉なエネルギーの安定供給、ガス事業の広域展開、事業領域の拡大の 5 点です。事業領域の拡大では、名古屋市港区の「みなとアクルス」で、ガス・電気・熱エネルギーの一括供給を行い、総合エネルギー事業のモデル地区となる「スマートタウン」の実現を目指しています。

　中期経営計画（2014 〜 2018 年度）の経営目標は、以下の通りです。

　　・営業キャッシュフロー 580 億円

　　・D／E レシオ（負債資本倍率）1.0 以下

　　・ROA（総資産利益率）3% 程度

よくわかるエネルギー株

北海道ガス (9534)

一言紹介

北海道を地盤とした都市ガス会社。都市ガスの主な供給区域は、北海道の札幌市、小樽市、函館市、千歳市等。石狩LNG基地の敷地内に、発電能力10万kW（キロワット）級の高効率ガス発電設備を2018年10月までに建設する予定。

15年度事業セグメント

(単位：億円, %)

	売上高	(構成比)	営業利益	(構成比)
ガス	636	68	33	162
LPG	63	7	2	12
その他エネルギー	81	9	2	12
工事及び器具	141		6	
その他	10	1	1	7
調整額	-	-	▲24	▲120
計	931	100	20	100

業績推移

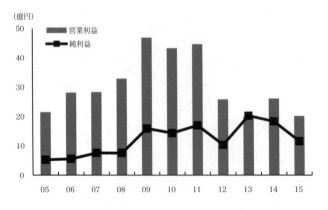

事業紹介

主な事業セグメントは、ガス事業、LPG事業、その他エネルギー事業、工事及び器具事業の四つです。

以下で、ガス事業と電力小売事業について紹介します。

都市ガスの主な供給区域は、北海道の札幌市、小樽市、函館市、千歳市、北見市です。

2015年度の都市ガスの販売量は5.2億m³（立方メートル）です〔熱量は1m³当たり45MJ（メガジュール）換算〕。用途別の構成比は家庭用31%、業務用68%、他事業者用1%です。

2016年4月に電力小売事業に参入しました。自社電源として、10万kW（キロワット）級の高効率ガス発電設備を、約100億円を投じ、2018年10月までに石狩LNG基地の敷地内に整備する予定です。

15年度業績について

2015年度の営業利益は20億円でした。営業利益のほとんどは、都市ガス事業です。営業利益を事業セグメント別にみると、ガス事業33億円、LPG事業2億円、その他エネルギー事業2億円、工事及び器具事業6億円、その他1億円、調整額▲24億円（営業損失）です。

経営方針

中期経営計画（2016～2020年度）の目指す姿は、北海道が抱える課題を解決し、持続可能な社会を支え、地域とともに成長する企業グループです。このために、電力事業を含めた総合エネルギーサービス事業を展開・推進していく方針です。

中期経営計画の2020年度の財務指標（連結）は、以下の通り

よくわかるエネルギー株

です。

- ・経常利益 50 億円
- ・自己資本比率 30%
- ・ROE（自己資本純利益率）8%

広島ガス (9535)

一言紹介

広島を地盤とした都市ガス会社。都市ガスの主な供給区域は、広島県の広島市、廿日市市、東広島市、呉市等。LNG基地である廿日市工場での桟橋機能の拡大工事が2015年に完成し、大型の標準LNG船の受け入れが可能に。

15年度事業セグメント

(単位：億円, %)

	売上高	(構成比)	営業利益	(構成比)
ガス	605	79	43	79
LPG	136	18	6	11
その他	21	3	▲1	▲1
調整額	-	-	6	11
計	763	100	55	100

業績推移

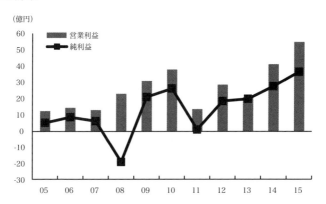

よくわかるエネルギー株

事業紹介

　主な事業セグメントは、ガス事業とLPG事業の二つです。以下で、ガス事業について紹介します。

　都市ガスの主な供給区域は、広島県の広島市、廿日市市、東広島市、呉市、尾道市、三原市です。LNG基地である廿日市工場(広島県)の桟橋機能が2015年に拡大し、これまでの小型LNG船に加え、大型の標準LNG船の受け入れが可能になりました。

　2015年度の都市ガスの販売量は4.8億m³(立方米)です〔熱量は1m³当たり45MJ(メガジュール)換算〕。用途別の構成比は家庭用21%、商業用8%、公用及び医療用8%、工業用50%、卸供給用13%です。

15年度業績について

　2015年度の営業利益は55億円でした。営業利益のほとんどは、都市ガス事業に占められています。営業利益を事業セグメント別にみると、ガス事業43億円、LPG事業6億円、その他事業▲1億(営業損失)、調整額6億円です。

経営方針

　2020年ビジョンの都市ガスの販売量の目標は2020年度6億m³です。都市ガス販売量の拡大のために、ガス体エネルギーの普及拡大を目指しています。

第5章　主要銘柄を紹介

西部ガス (9536)

一言紹介

九州を地盤とした都市ガス会社。都市ガスの主な供給地域は、福岡市、北九州市、熊本市、長崎市等。ひびきLNG基地（福岡県北九州市）と福岡をつなぐ九州北部幹線を建設中（2020年に完成予定）。

15年度事業セグメント

(単位：億円，%)

	売上高	(構成比)	営業利益	(構成比)
ガス	1,363	72	89	70
LPG	173	9	6	5
不動産	54	3	22	18
その他	314	16	15	12
調整額	-	-	▲6	▲5
計	1,904	100	126	100

業績推移

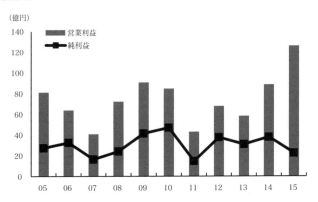

よくわかるエネルギー株

事業紹介

　主な事業セグメントは、ガス事業、LPG事業、不動産事業、その他事業の四つです。以下では、ガス事業を紹介します。

ガス事業

　都市ガスの供給地域は、九州の福岡市、春日部市、大野城市、福津市、北九州市、熊本市、長崎市、佐世保市、島原市等です。2014年に、ひびきLNG基地（福岡県北九州市）が完成しました。ひびきLNG基地を拠点とした供給基盤整備の一環として、福岡・北九州地区の間に九州北部幹線（都市ガスのパイプライン）を建設中です（2020年に完成予定）。

　2015年度の都市ガスの販売量は8.9億m³（立方㍍）です〔熱量は1 m³当たり45MJ（㍋㍗㍑）換算〕。用途別の構成比は、家庭用30％、業務用64％、卸供給用6％です。

15年度業績について

　2015年度の営業利益は126億円でした。営業利益のうちガス事業が大半を占めていますが、不動産事業の営業利益構成比も高いです。営業利益を事業セグメント別にみると、ガス事業89億円、LPG事業6億円、不動産事業22億円、その他事業15億円、調整額▲6億円（営業損失）です。

経営方針

　中期経営計画（2017 ～ 2019年度）では、エネルギーサービス事業、マルチバリューサービス事業、くらしサービス事業の三つの事業領域を設定し、トータルシェアの拡大や事業の拡大を目指

第 5 章　主要銘柄を紹介

しています。

　2019 年度の経営指標 (連結) は以下の通りです。

- ・ROA (総資産利益率) 2%
- ・ROE (自己資本純利益率) 8%
- ・自己資本比率 24%
- ・有利子負債残高 2,200 億円
- ・経常利益 3 年合計 320 億円 (2017 ～ 2019 年度)

よくわかるエネルギー株

静岡ガス (9543)

一言紹介

静岡を地盤とした都市ガス会社。都市ガスの主な供給地域は、静岡県の静岡市、富士市、沼津市、三島市等。袖師LNG基地（静岡県清水市）に、再出荷（リロード）設備を設置し、新たな基地事業を展開。

16年度事業セグメント

(単位：億円，%)

	売上高	(構成比)	営業利益	(構成比)
ガス	892	82	127	124
LPG・その他エネルギー	109	10	4	4
その他	84	8	5	5
調整額	-	-	▲34	▲33
計	1,086	100	102	100

業績推移

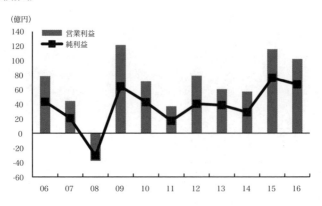

事業紹介

主な事業セグメントは、ガス事業とLPG・その他エネルギー事業の二つです。決算期は12月期です。以下では、都市ガス事業について紹介します。

ガス事業

都市ガスの供給地域は、静岡県の静岡市、富士市、沼津市、三島市等です。

2015年度の都市ガスの販売量は13.9億m³（立方㍍）です〔熱量は1m³当たり45MJ（㍋㌔㌦換算）〕。用途別の構成比は家庭用6％、業務用6％、工業用46％、卸供給用42％です。

静岡県清水市に、袖師LNG基地があります。2016年4月に、袖師LNG基地に受け入れたLNGを、LNG船で再出荷（リロード）する設備を設置しました。そして、2016年6月10日にこの再出荷設備を用いた初めてのLNG販売に関する売買契約を締結しています。

16年度業績について

2016年度（2016年12月期）の営業利益は102億円でした。営業利益のほとんどは、ガス事業が占めています。原料費調整制度によるタイムラグ影響の差益は33億円でしたので、タイムラグ影響を除く実質ベースの営業利益は69億円と計算されます。

2016年度の営業利益（102億円）を事業セグメント別にみると、ガス事業127億円、LPG・その他エネルギー事業4億円、その他事業5億円、調整額▲34億円（営業損失）です。

よくわかるエネルギー株

経営方針

　中長期の取り組みは、「地域No.1ソリューション企業」を目指して、ガス事業からソリューション事業への転換を目指すことです。中長期の取り組みにおける事業区分を、くらし事業、マルチエネルギー事業、導管ネットワーク事業、基地事業の四つに分けて、紹介します。

　くらし事業では、顧客基盤の拡大を図るとともに、顧客ごとに最適なソリューションを提案する取り組みを進めています。

　マルチエネルギー事業では、業務用・産業用の顧客に、都市ガスと電気、熱を組み合わせた最適なシステム提案を進めています。また、2016年10月に全線開通した静浜幹線の沿線を中心に、ローリーによるLNG販売を含めた広域での需要開拓も進めています。

　導管ネットワーク事業では、ガス管の経年化対策や耐震化ブロックの構築を進めています。

　基地事業では、広域供給を支える確実な運営や設備の経年・耐震対策等を行っています。また、LNG基地を活用した新たな事業の創出を目指しています。

【著者略歴】

荻野 零児（おぎの れいじ）
1998年　国際証券株式会社入社、エクイティ調査部投資戦略課、日本株ストラテジーのチームの一員として、主に日米欧のマクロ経済や金融政策、為替動向などを担当、2001年企業調査課に異動、2002年石油セクターを担当、2005年電力・ガスセクターも担当。

よくわかるエネルギー株
業界の特長から主要銘柄の見方まで

2017年4月4日　初版1刷発行

著　者　荻野　零児
発行者　織田島　修
発行所　化学工業日報社
東京都中央区日本橋浜町3-16-8（〒103-8485）
電話　03(3663)7935(編集)
　　　03(3663)7932(販売)
支社　大阪　**支局**　名古屋　シンガポール　上海　バンコク
ホームページアドレス　http://www.kagakukogyonippo.com/

（印刷・製本：ミツバ綜合印刷）
本書の一部または全部の複写・複製・転訳載・磁気媒体への入力等を禁じます。
©2017〈検印省略〉落丁・乱丁はお取り替えいたします。
ISBN978-4-87326-682-4　C0033